Flush! Modernes Toiletten-Design

Ingrid Wenz-Gahler

Flush! Modernes Toiletten-Design

Birkhäuser – Verlag für Architektur

Basel · Boston · Berlin

Grafische Gestaltung: Christina Hackenschuh, www.hackenschuh.com

Titelbild: Club XL in Chelsea, N.Y., Design: Desgrippes Gobé Group, N.Y. (Foto: John Horner)

Dieses Buch ist auch in englischer Sprache erschienen (ISBN 3-7643-7180-3).

Bibliografische Information der deutschen Bibliothek:

Die deutsche Bibliothek verzeichnet diese Publikation in der Deutschen Nationalbibliografie; detaillierte bibliografische Daten sind im Internet über http://dnb.ddb.de abrufbar.

© 2005 Birkhäuser – Verlag für Architektur,

Postfach 133, CH-4010 Basel, Schweiz.

Ein Unternehmen von Springer Science+Buisness Media

Gedruckt auf säurefreiem Papier, hergestellt aus chlorfrei gebleichtem Zellstoff. TCF ∞

Printed in Italy

ISBN 3-7643-7181-1

9 8 7 6 5 4 3 2 1   http://www.birkhauser.ch

Inhaltsverzeichnis

Erlebniswelten

Öffentliche Toiletten

Designtoiletten: eine Einführung

Toiletten und Design?

Jeder kennt sie, jeder benutzt sie. Toiletten und ihre Räumlichkeiten sind ein so unauffälliger Bestandteil unseres Alltags geworden, dass sich leicht die Frage stellt: Was hat Design damit zu tun? Geht es um ungewöhnliche Toilettensitze, um modische Accessoires, wie sie in Wohn- und Badzeitschriften propagiert werden, oder gar um Wellnesstempel? Jeder von uns verbindet mit Toilettenräumen ganz eigene Erfahrungen, die vor allem als schöne erstaunlich lange in Erinnerung bleiben. Mir fielen vor knapp 20 Jahren öffentliche Toiletten in Kanada und den USA auf, die nicht nur sauber, sondern auch noch geräumig und gemütlich waren. In Paris sah ich in Restaurants ringsum verspiegelte Toiletten, indirekt beleuchtet. Und Barcelonas Nachtcafés der Achtzigerjahre von Alfredo Arribas wurden auch wegen ihrer Aufsehen erregenden Toilettenräume berühmt. Auf Lanzarote begeisterte mich die einfühlsame Architektur des spanischen Architekten César Manrique, dessen Bauten allein schon wegen der Toilettenräume sehenswert sind und eine wundervolle Aussicht auf Meer und Insel bieten. Beeindruckend finde ich auch die Schilderung des japanischen Schriftstellers Tanizaki Jun'ichiro, der in dem Büchlein *Lob des Schattens* die Kultur der althergebrachten Toilette preist: „Ein Teeraum ist gewiss ein ansprechender Ort, aber noch mehr ist der Abort japanischen Stils so konzipiert, dass der Geist im wahrsten Sinn Ruhe findet, (…) wo einem der Geruch von grünem Laub und Moos entgegenkommt (…) und eine Stille, die selbst das Summen einer Mücke zum Ohr dringen lässt."

Jahrzehntelang waren Toilettenräume bei uns eher unwichtige Nebenräume, die nur unter dem Gesichtspunkt der Funktion und Hygiene betrachtet wurden – eine nüchterne, geometrische Fliesenwelt. Erst der wirtschaftliche Aufschwung in den Achtzigerjahren ließ in unseren Städten Bauten entstehen, an denen Image und Qualität neu formuliert wurden und damit auch Architektur und Design zu einem wichtigen Wirtschaftsfaktor machten. Zugleich wuchs die Erkenntnis, dass Designprodukte und gestaltete Räume

Lanzarote – WCs mit Aussicht

"Wagamama Noodle Bar" in London
(Design: Corporate Edge, London)

nicht nur eine Form haben, sondern Inhalte und Emotionen transportieren – ein Mehrwert, der die Möglichkeit bietet, sich von ähnlichen Produkten und Unternehmen am Markt zu unterscheiden. Gastronomen haben das sehr bald für sich und ihr Image erkannt und mit gestalteten Toilettenräumen um Gäste geworben. Toiletten stellen hier einen notwendigen Gegenpol zur Versorgung dar, sodass Rückschlüsse über die Wertigkeit des Hauses und seines Angebotes unmittelbar erfolgen. Nicht umsonst heißt es in der Gastronomie: Die Qualität eines Lokals und der Küche wird nach der Qualität der Klos beurteilt. Toilettenräume sind für die Inhaber in vielen Fällen die Visitenkarte des Hauses, die vor allem in der Szenegastronomie und in der Club- und Barszene nicht nur sauber, sondern interessant sein müssen oder sogar ein gestalterisches Erlebnis bieten sollen. Manche Betreiber investieren schon mal bis zu 10 Prozent des Gesamtbudgets in diese Räume. Einen weiteren Einfluss auf die Veränderungen unserer Toilettenkultur hat die zunehmende Mobilität in unserer Gesellschaft, die einerseits bewirkt, auf ein Zuhause verzichten zu müssen, andererseits den immer während Zwiespalt in sich trägt, unterwegs zu sein und sich doch heimisch fühlen zu wollen. „Unterwegs zu Hause sein" ist nicht nur ein Credo für die Hotellerie, sondern auch für Freizeit- und Verkehrsbauten. Ob auf Bahnhöfen oder in Flughäfen, in Zügen oder Schiffen, in Museen oder auf Messen, großzügig und angenehm gestaltete öffentliche Toilettenräume sind ein Ort der Entspannung und des Rückzugs als Gegenpol zu Lärm und Hektik des modernen Alltags, die zugleich die veränderten Bedürfnisse in unserer Gesellschaft widerspiegeln.

Vom antiken Wasserklo zum Hygienecenter

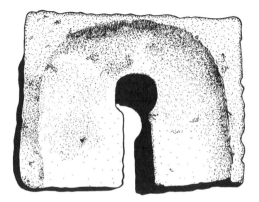

Steinerner Klositz der alten Ägypter

Seit jeher forderte die menschliche Notdurft tagtäglich ihr Recht, und jede Zeit und Kultur hat dafür andere Lösungen entwickelt. Sobald die Menschen eine Behausung hatten, suchten sie auch nach Möglichkeiten, einen Platz für ihre Ausscheidungen zu finden. Wir sehen heute das Wasserklosett als eine Errungenschaft unserer Zeit an, doch tatsächlich war es, wenn auch in anderer Form, schon in antiken Hochkulturen bekannt. Man hockte auf steinernen, von Wasser unterspülten Löchern, und das schon 2500 v. Chr. Überall da, wo es genügend Brauchwasser gab, ob in Griechenland, Ägypten, Indien, Südamerika oder China, sind uns Toiletten bekannt, die an ein unterirdisches Drainagesystem angeschlossen waren. In früheren Kulturen, als das Leben stark von der Gemeinschaft geprägt war, finden sich alte Toilettenanlagen nicht nur in den Herrschaftssitzen, sondern auch in der Nähe von Tempelanlagen und in Klöstern. Am bekanntesten sind die öffentlichen Latrinen der Römer, die noch heute besichtigt werden können. Sie waren meist im Halbkreis angelegt und sehr unterschiedlich ausgestattet. Die schönsten hatten Marmorsitze, Marmorstatuen und einen farbigen Mosaikboden sowie Fresken an den Wänden. In kleinen Brunnen rieselte das Wasser, Pflanzen und Fensteröffnungen unter der Raumdecke verbesserten die Luft. Welche öffentlichen Toiletten bieten heute diesen Luxus?

Eine öffentliche Angelegenheit waren über viele Jahrhunderte hinweg nicht nur das Baden, sondern auch Klositzungen. Könige, Fürsten und sogar Generäle befanden Latrinen als würdig genug, um von ihrem „Thron" aus Audienzen zu gewähren. Lord Portland, der am Hofe Ludwigs XIV. Botschafter war, betrachtete es durchaus als große Ehre, so empfangen zu werden. Selbst wenn der Stuhlgang im Verständnis und der Handhabung relativ öffentlich war, so gab es doch während des ganzen Mittelalters keine öffentlichen Toiletten. Neben Donnerbalken, Plumpsklos und Herzhäuschen wurden im privaten Bereich Nachttöpfe, Schüsseln und Leibstühle mit meist manuellen Entsorgungssystemen benutzt, die an jene von Wasser unterspülten der Antike nie heranreichten. In vielen Ländern gab es immer wieder Versuche und Erlasse, öffentliche Toiletten einzurichten, doch das freie Feld oder die Straße, auf denen sich Kinder und Tiere gleichermaßen aufhielten, waren weitaus beliebter. So konnten sich Krankheiten und Seuchen in Windeseile verbreiten; die Wasch- und Badeverbote der christlichen Kirche als auch die Tabuisierung des körperlichen Intimbereiches taten noch ein Übriges dazu. Wirkliche Veränderungen brachten erst die Aufklärung und die Französische Revolution, die ein Umdenken in diesem Bereich verlangten. Mit der Entwicklung des englischen „water closet" durch John Harrington 1589 und des „siphon" durch Alexander Cummings 1775 waren zwar die wesentlichen Bausteine für das neuzeitliche Wasserklosett entwickelt, doch es sollte noch lange dauern, bis alle privaten Haushalte und vor allem öffentliche Toiletten mit Wasserspülung versorgt waren. In den Städten Mitteleuropas bot erst die Entwicklung einer umfassenden Wasserver- und entsorgung am Ende des 19. Jahrhunderts die Möglichkeit, Klosetts mit Wasserspülung einzubauen. In England wurde die Verbreitung von „sanitären Einrichtun-

Zimmerklosett,
Biedermeier um 1840

gen" durch die Weltausstellung 1851 und den Bau des „Crystal Palace" gefördert, als zirka 800 000 Besucher auf diese Einrichtungen angewiesen waren.

In den folgenden Jahrzehnten waren es überwiegend die luxuriösen Hotels, die ihren Gästen Toiletten- und Waschräume angeboten haben, die als gestaltet gelten können. Alle anderen Häuser hingegen, wo sich die Menschen außerhalb ihres Privatbereiches aufhielten – wie in Handelshäusern, Museen, Schwimmbädern, Schulen, Universitäten, Bürohäusern –, stellten, wenn überhaupt, eher unbedeutende Toilettenräume zur Verfügung, die ein Un-Ort blieben, den man besser verdrängte.

„Velvet Bar" in Barcelona (Design: Alfredo Arribas)

Erst Mitte der Achtzigerjahre fielen in der Architekturpresse und in Reiseführern Cafés und Bars von Mittelmeerländern auf, die mit ungewöhnlichen Toiletten warben, welche im Design mindest so anspruchsvoll waren wie die Bars selbst. Sinnliche Lebensfreude und Spaß am gestalterischen Spiel führten hier zu Wasch- und Toilettenräumen mit großen Spiegelwänden, frei stehenden, verchromten Waschtischen, inszeniertem Licht und verspiegelten Urinalwänden, über die das Wasser rieselte.

Knapp zehn Jahre später registrierte ein Verkehrsunternehmen wie die Deutsche Bahn, dass auf ihren Bahnhöfen etwas für ihre Fahrgäste getan werden müsse im Sinne einer neu verstandenen Servicekultur, und schrieb für die Toiletten- und Waschbereiche Designwettbewerbe aus, um dem Bedürfnis der Reisenden nach Hygiene, Sicherheit und Wohlbehagen Rechnung zu tragen. In einem Prospekt der Bahn von 1996 war über „Die neue WC-Generation" und das Konzept zu lesen: „Die ‚Reisefrische' will die Toilette wieder zu einem Ort des Wohlbefindens machen (...) mit einem Anspruch an Hygienekultur."

„Reisefrische" der Deutschen Bahn

Zwei Jahre später kam das Schweizer Unternehmen McClean mit der Idee eines Hygienecenters für Bahnhöfe auf den Markt: In einem hellen und freundlichen Umfeld werden WCs, Wasch-, Dusch- und Wickelräume angeboten, ergänzt um einen kleinen Hygieneshop, der zugleich die Rezeption darstellt. Anlässlich der Eröffnung des ersten Hygienecenters im Basler Bahnhof SBB 1998 erläuterte die Basler Innenarchitektin Annette Stahl dieses Konzept und kam zu dem Umkehrschluss: „Das stille Örtchen ist die Visitenkarte von Bahnhöfen und Restaurants – ein lustvoller Ort der Erleichterung und Pflege, ein Ort der Ruhe und Entspannung. Die Benutzer sind hier Gäste, die mit Freundlichkeit und Aufmerksamkeit behandelt werden sollen."

Eine Toilette – was ist das?

Es ist der Ort, der von jedem von uns mehrmals täglich aufgesucht wird. Bei geschätzten acht Minuten pro Tag verbringt der Mensch im Laufe seines Lebens etwa 3650 Stunden oder 150 Tage auf dem Klo. Bei den Japanern liegen die Schätzungen doppelt so hoch. Grund genug, sich des Themas näher anzunehmen.

Der bei uns inzwischen kaum mehr verwendete Begriff „Abort" bezeichnet einen abgelegenen Ort außerhalb des Hauses, so wie das in vielen Ländern der Fall war. Unsere Begriffe „Klo" und „Klosett" haben mit dem englischen Begriff „water closet" zu tun, der darauf hinweist, daß sich das Wasser in einem Behälter befand. Die „Toilette" gilt weithin – auch in anderen Sprachräumen – als der höflichste Begriff für den Raum, in dem sich die Vorrichtung zur Aufnahme von Körperausscheidungen befindet. Toilette ist eine Verkleinerung des französischen Wortes „toile" (das Tuch) und ist sowohl eine Bezeichnung für den Kosmetik- und Frisiertisch als auch für den Vorgang des sich Zurechtmachens, also eher eine kunstvolle Tarnung. Dieser und andere Begriffe machen deutlich, dass dieser Raum über den eigentlichen Vorgang des Entleerens hinaus noch zusätzliche Bedeutungen hat. Im „cabinet d'aisance" geht es dem Benutzer um die Erleichterung, „retirade" wiederum besagt, dass es auch ein Ort des Rückzugs sein kann, um allein zu sein. Bei uns ist „das stille Örtchen" ein Ort der Entspannung und Erleichterung in mehrfachem Sinne. Es ist ein Raum der Enge und der Nähe zugleich.

Wie kaum ein anderer Ort drückt gerade das Klo auch unsere Beziehung zu unserem eigenen Körper aus. Das heutige Bedürfnis, Raum und Körper hygienebesessen zu desinfizieren und zu beduften, zeugt davon, wie weit wir uns von uns selbst entfernt haben. Zugleich aber zeigen die modernen Toilettenräume im halböffentlichen Bereich, dass sie nicht nur die Möglichkeiten des Rückzugs und Alleinseins, sondern auch die der Selbstdarstellung, ja sogar der Selbstinszenierung bieten sollen.

Zwischen Funktion und Technik

Noch immer sind in der Architektur und der Gestaltung unserer Kultur Themen wie Sexualität und Erotik, aber auch Krankheit, Sterben und Ausscheidungen weitgehend tabu. Der Toilettenraum spielt daher immer eine eher untergeordnete Rolle, ist ein Funktionsraum, der zwar in der Planung berücksichtigt, aber doch eher diskret im Gebäude versteckt wird. Wie stark sich sein Stellenwert in den letzten Jahrzehnten jedoch gewandelt hat, zeigt ein Blick in die *Bauentwurfslehre* von Ernst Neufert, das Standardwerk für Planer und Architekten. In der Ausgabe von 1968 wird gerade mal der Unterschied zwischen einem Hock- und einem Sitzabort aufgezeigt und es tauchen Mengenangaben für Schulen, Hotels und Studentenwohnheime auf. Da kommt ein WC auf sechs bis zehn Studenten, bei Hotels im Empfangsbereich erhalten 80 bis 100 Männer zwei Pissstellen und ein Abort, 100 Frauen hingegen drei Aborte. In der Ausgabe von 2002 sieht es ganz anders aus: Der Begriff Abort wurde nun durch WC-Anlage ersetzt. Allein fünf Seiten zeigen vielfältige Lösungen für Bäder und Sanitärzellen, individuelle und vorgefertigte, mit integrierten Toiletten. Gaststätten und Hotels werden mit eigenem Grundrissvorschlag bedacht; es gibt Planvorschläge zu Toilettenräumen für Gaststätten, Raststätten, Büros und Arbeitsstätten, die sich allerdings nur unwesentlich voneinander unterscheiden. Unter dem Stichwort „Industriebau" gibt es nicht nur umfangreiche Planvorschläge, auch Sozialpsycholgisches ist hier zu lesen: „Zweckmäßige und ansprechende Gestaltung von Sanitär- und Sozialräumen zur Schaffung von gutem

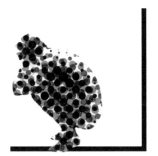

Ganze Hockstellung

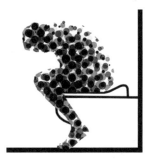

Modifizierter herkömmlicher WC-Sitz

WC zum Anlehnen

*Mögliche Hock- und Sitzhaltungen
(aus: The Bathroom von Alexander Kira)*

Betriebsklima. Dazu zählen Toiletten, Umkleideräume, Sauna, Brause- und Wannenbäder, Sanitärräume etc."

Der amerikanische Forscher und Architekturprofessor Alexander Kira hat sich jahrzehntelang mit den Problemen menschlicher Bedürfnisse und den Konsequenzen für die Gestaltung befasst. Bereits in den Sechzigerjahren veröffentlichte er in seinem Buch *The Bathroom* Studien über die Anatomie und die Physiologie des Menschen und gab Empfehlungen ab, wie demzufolge Bäder, Duschen und auch Toiletten aussehen sollten. Seine Angaben für die Gestaltung von öffentlichen Sanitäranlagen sind äußerst detailliert und umfangreich und zeigen, dass bei diesen Einrichtungen soziokulturelle und auch verhaltenspsychologische Unterschiede eine große Rolle spielen. Jedoch wurden die Erkenntnisse Kiras bei der Entwicklung von Toilettensitzen und Urinalen in den letzten Jahren wenig berücksichtigt und beschränkten sich meist auf Oberflächen- und Formvarianten. Hingegen finden sich bei Geberit, einem der großen Anbieter von Sanitärtechnik, bereits gute Hinweise zur Planung von öffentlichen Toilettenräumen: „Für eine gute Atmosphäre sollten die Sanitärräume geräumig und übersichtlich sein, ohne dunkle Ecken, mit einem separaten Vorraum und getrennten WC-Kabinen für die Wahrung der Intimsphäre. Eine farbige Gestaltung sowie Musik und Beduftung könnten die gewünschte Behaglichkeit schaffen." Für eine einwandfreie Hygiene sorgen berührungslose Armaturen, Urinal-WC-Steuerungen und reinigungsfreundliche Materialien wie Keramik oder Edelstahl mit gezielten Geruchsabsaugungen am WC und wassersparender Technik.

Die Technik hat einen großen Einfluss auf die Gestaltung der Toilettenräume. Von ihr erwartet man Lösungen für die Probleme der Wasser- und Energieersparnis, aber auch für die Schäden des in öffentlichen Toilettenanlagen häufig vorkommenden Vandalismus sowie für die Wartungskosten. Da werden Toilettenspülungen in der Wand montiert und Spülsysteme für Urinale und WCs unter Putz gelegt; eine Platte mit elektronischem Auge erkennt per Infrarotstrahl, wenn sich ein Nutzer der Anlage nähert – Sensortechnik für Waschbecken und Toiletten, berührungslos wie von Geisterhand, sicher und zuverlässig.

Mobilität schafft neue Bedürfnisse

Mit der zunehmenden Mobilität in unserer Gesellschaft sind nicht nur Kosmopoliten ständig unterwegs, sondern auch Geschäftsleute, Touristen, Familien, die im Alltag öffentliche Orte aufsuchen wie Cafés und Restaurants, Läden, Museen, Bibliotheken, Schulen, Freizeitparks, Sportarenen, Bahnhöfe oder auch Krankenhäuser. Überall dort werden auch Waschräume und Toiletten benutzt, die zugleich ein Schaufenster des jeweiligen Unternehmens sind. Es sind häufig erste, aber meist dauerhafte Eindrücke, die sich den Benutzern einprägen.

Wie sehr Toiletten die Menschen beschäftigen, ganz gleich, wo sie leben und arbeiten und welcher Nationalität sie angehören, zeigt die Vielzahl an Informationen, die zu diesem Thema zur Verfügung steht. So gibt es etwa die Toilettenführer – Toilet-Guides – die von Städten, Verbänden oder Gesundheitsämtern herausgebracht werden, um eine schnelle Übersicht über die zugängigen Toiletten in der jeweiligen Stadt oder Region zu geben. Auch im Internet gibt es zahlreiche private und professionelle Seiten, die vorstellen, wo und in welchen Städten die schönsten, die saubersten und die kostenlosen Klos zu finden sind (siehe Anhang). Bei diesem öffentlichen Interesse überrascht es nicht, dass es seit einigen Jahren auch einen Welttoilettenverband gibt – www.worldtoilet.org – mit Sitz in Singapur. Ihm gehören Verbände von 17 überwiegend asiatischen Ländern an, aber auch Verbände aus den USA, aus Russland und Großbritannien. Einige Länder sind Assoziierte, darunter auch Frankreich, Spanien und Deutschland. Das Anliegen dieser Verbände besteht darin, international und zugleich unter Berücksichtigung kultureller Eigenheiten die Gestaltung von öffentlichen Toiletten zu fördern, und zwar hinsichtlich des Designs, der Technik, der Ökologie und der Gesetzgebung. Seine Anforderungen an zeitgemäße Toiletten formuliert der Weltverband so:

„Die Toilettenbereiche sollten haben: eine ästhetische und unverwechselbare Architektur, großzügige Räume mit viel natürlichem und künstlichem Licht, eine gute Belüftung durch eine ausreichende Raumhöhe und zusätzliche Ventilation, pflegeleichte Materialien, Zugang für Behinderte, Babywickelplätze, Müll- und Hygienebehälter, Spiegel oder auch Sitze."

Die Restroom Association in Singapur, die zugleich die Geschäftsstelle des Welttoilettenverbandes innehat, hat die Ziele treffend zusammengefasst: „Toiletten erhalten

Plakat in Schulen zur Sauberhaltung der Toiletten (von RAS, Restroom Association Singapore)

unsere menschliche Würde und Privatheit. (...) Schlechte Toiletten halten Besucher und Touristen fern, aber auch die Investoren, und schaffen außerdem ein negatives Marken-Image. Man muss hohe Werbeaufwendungen aufbringen, um das wieder zu korrigieren."

Designkonzepte für Toilettenräume

Bevor wir uns den Designkonzepten zuwenden, wie sie nachfolgend vorgestellt werden, ein kurzer Blick auf die Toiletten von Szenelokalen, die mit Gag und Witz die Gäste belustigen und das Lokal zum Stadtgespräch machen. Meist sind es die Gastronomen selbst, die mit großem Einfallsreichtum solche Ideen für ihre Gäste kreieren. Hier sind es die fehlenden Spiegel über dem Waschtisch, die plötzlich den Blick ins Herrenklo erlauben; da ist es die fehlende Trennwand bei den Damenklos, um Gespräche ins Unendliche auszudehnen. Walgesänge, zwitschernde Vögel, künstlerische Objekte, skurrile Oberflächen und Dekorationen bestimmen die Toilettenräume dieses Genres, das in diesem Buch jedoch nicht eigens berücksichtigt wurde.

Hotel Zum Römischen Kaiser, Österreich

WCs der ganz besonderen Art gibt es in Österreich: Im Hotel Zum Römischen Kaiser in Mieming, Tirol, wurde aus dem volkstümlichen Spruch „Wohin auch der Kaiser zu Fuß geht" eine Marketingidee: Schon 1998 entstand so das erste Hotel Europas mit Erlebnis-Toiletten. Vier große Erlebnis-Klos locken die Touristen an und bestätigen das Credo der Hoteliers: „Das Klo muss wieder seine Bedeutung im Leben der Menschheit bekommen!"

Die Beispiele im vorliegenden Buch entstammen allesamt Gebäuden mit einem durchgängigen Designkonzept, das auch auf die Toilettenräume übertragen wurde. Da sehen die Vorräume im syrischen Restaurant „Saliba" aus wie ein orientalisches Boudoir, im Musicaltheater „Buddy Holly" sind sogar die Urinalbereiche mit Theaterkulissen ausgestattet, und die Toiletten im elitären Club „Nasa" in Kopenhagen sind genauso spacig weiß wie der Club selbst. Die Swarovski Kristallwelten, von André Heller entworfen, haben Toilettenräume in den gleichen feurigen Farben wie die Eingangshalle. Im italienischen Restaurant „Torre della Sassella" wurden die Toiletten in Felsräume integriert und wie in einem Freilichttheater mit Licht in Szene gesetzt. Schwarz wie die „Disco" in São Paulo sind auch die Toilettenräume, in denen die gläsernen Waschbecken und Edelstahlurinale nur durch intensive Lichteffekte wahrzunehmen sind. Es gibt Toiletten mit wohnlichem Flair ebenso wie kunstvolle Raumverfremdungen oder „Zimmer mit Aussicht". Die Toilettenräume sind phantasievoll, individuell, farbig, sinnlich. Das spiegelt sich auch in den eingesetzten Materialien: Für Boden und Wände werden nicht nur Fliesen, sondern auch Naturstein verwendet, Glas ebenso wie edle Hölzer und farbige Lacke, Beton und Kunstharz. Die Sanitärgeräte sind in Keramik, Glas und Edelstahl, und das Licht trägt dank Lichtfasertechnik gezielt zur Inszenierung bei. Diese Toilettenräume bieten Überraschung, Differenzierung und Innovation zugleich und kommen dem Wunsch nach Modernität nach – sie sind emotional, spielerisch und kunstvoll.

Waschräume für Kommunikation und Entspannung

Viele Gastronomen wissen um die Bedeutung der Toiletten- und Waschräume als Rückzugsraum, für Gespräche und sogar zum Kennenlernen. Und genau aus diesem Grunde sind die Vorräume für Männer und Frauen häufig Unisex. „Es ist eine gute Art sich da zu treffen, wenn sich ohnedies die Wege zum Klo kreuzen" (Thorwald Voss, Supperclub). Die Niederländer verhalten sich zu diesen Räumen am Unbefangensten und bieten überwiegend Unisex-Toiletten an, designt, verspielt und witzig. Im „Supperclub" in Amsterdam sind die Klos daher schwarz – in hygienisch weißen Räumen kommt wohl nicht so die rechte Flirtstimmung auf – mit großen Sitzblöcken mitten im Raum für Gespräche und Kontakte. Im Hamburger Side Hotel und auch im Kölner Veranstaltungszentrum „Palladium" sind die Vorräume zu den Toiletten äußerst großzügig gehalten mit einem zentralen Waschbrunnen in der Mitte. Beim Eröffnungskonzert in Köln war der Rockmusiker Lenny Kravitz so begeistert davon, dass er kurzerhand seine Pressekonferenz in diesen Vorraum verlegte.

In anderen öffentlichen Gebäuden wie Museen, Ausbildungsstätten, Raststätten oder Freizeiteinrichtungen hat sich in den vergangenen Jahren zwar die Architektur verändert, doch bei den Toilettenräumen geht der Anspruch meist über die Hygienefunktion kaum hinaus. Wie sagt Colin See von der Restroom Association in Singapur? „Das Niveau der Toiletteneinrichtung repräsentiert nicht nur den Zivilisationsgrad unserer Gesellschaft, es macht auch deutlich, welchen Respekt der Eigentümer seinen Gästen und Besuchern entgegenbringt." Großen Nachholbedarf hat hier auch der Handel, der fast nur in großen Häusern oder Shopping Malls den Kunden eigene, gestaltete Toiletten zur Verfügung stellt. Umso überraschender ist folgende Geschichte, an die sich der Designprofessor Rainer Gehr noch heute erinnert: Hans Hollein, inzwischen ein berühmter Architekt aus Wien, baute 1974 einen winzigen aber sehr hochwertigen Schmuckladen mit nur 13,5 Quadratmetern mitten in Wien. Der „Schullin" wurde berühmt für seine aufgebrochene schmuckvolle Fassade. Hollein erzählte damals in einem Vortrag, dass er hinter dem Verkaufsraum eine geräumige und sehr schöne Toilette einbauen musste, damit der meist männliche Kunde Zeit bekomme, über den bevorstehenden Kauf intensiv und entspannt nachzudenken.

Toiletten als stressfreie Zone

„Lavatory luxury comes to a head" – unter diesem Titel lieferte ein Beitrag in der *Los Angeles Times* vom 11. Juni 2001 aufschlussreiche Hinweise für die Toilettenräume in Verwaltungsbauten. Die wohl größte Bedeutung nehmen halböffentliche Toiletten in Betrieben, Ausbildungsstätten und Verwaltungsbauten ein, also dort, wo sich die Menschen nicht nur temporär aufhalten, sondern viele Stunden, oft den ganzen Tag, verbringen. Die hektische Arbeitsatmosphäre, oft in Großraumbüros oder kubischen kleinen Büroräumen, verlangt

geradezu nach einem Platz, wo man sich zurückziehen und entspannen, vielleicht sogar neue Ideen entwickeln kann. Manche Design- und Werbeagenturen bieten ihren Mitarbeitern bereits einen solchen Kreativraum mit Liegen, weichem Licht und sanfter Musik an. In den meisten Firmen aber übernimmt diese Aufgabe eher unfreiwillig der Waschraum, in dem man sich zwanglos und Hierarchien übergreifend trifft und über das Unternehmen und Arbeitsprobleme, über die Arbeitskollegen oder sich selbst reden kann. Es ist wohl der einzige Raum innerhalb eines Unternehmens, in dem Dinge geäußert werden dürfen, die nicht im Büro gesagt werden können. Die Interaktion der Mitarbeiter ist im Grundsatz eines der größten Anliegen der Unternehmen, und der Waschraum könnte bei entsprechender Gestaltung dann sogar die Funktion eines Krisenmanagement-Zentrums einnehmen, eine stressfreie Zone sein. Die Idee dazu stammt aus dem frühen 20. Jahrhundert, als in Europa und in den USA für müde Theater- oder Operngänger kleine Salons mit Sofas, einer kleinen Bar und verschwenderischem Dekor eingerichtet wurden. Manche Architekten nehmen heute die Sozialräume zu den Waschräumen hinzu und schaffen so die gewünschten Ruhezonen.

Unternehmen, die ihren Mitarbeitern und Kunden Toilettenräume mit einem Designanspruch zur Verfügung stellen, erzählen an einer unerwarteten Stelle viel über ihre Firmenkultur und ihre Einstellung zu Design. Auch oder gerade WC-Räume zeigen die Wertschätzung, die ihren Benutzern entgegengebracht wird. Die sorgfältige Gestaltung von Toilettenräumen bietet Mitarbeitern, Gästen und Kunden einen Ort der Entspannung, des Alleinseins, aber auch der Kommunikation, die im besten Fall ganz anders als in Besprechungsräumen erfolgt. Dieses Buch möchte Anregungen und Impulse geben, um diesen stillen Ort nicht nur neu zu bewerten, sondern auch entsprechend zu gestalten.

Begriffe aus der Kulturgeschichte des Klos

Bourdalou – das Töpfchen für die Dauerpredigt. Am Hofe Ludwigs XIV. predigte der Jesuitenpater Louis Bourdaloue (1632–1704) unerschrocken und oft sehr lange. Die Hofdamen, von seinen Reden fasziniert, gerieten durch die Länge seiner Ausführungen gelegentlich in Schwierigkeiten, nahmen kurzerhand eine Sauciere mit in die Kirche und benutzten sie zweckentfremdet. Manufakturen griffen diese Sitte auf und entwickelten daraufhin den „pot de chambre oval", der erst viel später den Namen des Paters trug. Im Muff versteckt sollen die Damen diese „Bourdalous" in die Kirche geschmuggelt und bei Bedarf unter den Rock geschoben haben. Auch auf Reisen war dieses Gefäß sehr beliebt und noch bis 1980 stand den Damen in den Schlafwagen-Abteilen der Bundesbahn in einem Eckschränkchen ein letzter Vertreter dieses einst so beliebten Utensils zur Verfügung (siehe Seite 92).

Klobrille – Brille, abgeleitet vom spätmittelhochdeutschen berille, von Beryll stammend. Um 1300 bediente man sich der Linsen geschliffener Halbedelsteine, meist der Berylle. Der Begriff Brille deutet hier die Schutzfunktion an. Offenbar soll die Klobrille zwischen „sauberer und unsauberer" Seite der Toilette unterscheiden.

Latrine – stammt von lateinisch lavatrina, latrina, – dem Wasch- und Baderaum im alten römischen Bauernhaus. Was die Römer als Latrinen bezeichneten, waren öffentliche Orte mit mehrsitzigen Aborten, für diejenigen, die keine Sklaven zum Säubern und Leeren ihrer Becken hatten, vor allem aber für Geschäftsleute und Reisende in der Stadt. Die anfangs kommunale Einrichtung verschwand mit zunehmender Privatheit und dem Reichtum der Städte. Mehrsitzige Latrinen gab es auch in Afrika, in Germanien und später vor allem beim Militär (siehe Seite 74).

Loo – britisches Wort für Klo, wahrscheinlich eine sprachliche Umformung des französischen „Gardez l'eau", das zur Warnung ausgerufen wurde, wenn der Nachttopf auf die Straße geleert wurde. Neueste Deutungen ziehen auch das französische „Bourdalou" in Betracht.

Nachttopf – oder auch Nachtvase – war vor der Erfindung des WCs die Entsorgungseinrichtung schlechthin. Heute nur noch in Kinderzimmern oder Krankenhäusern anzutreffen. Es gibt ihn in Porzellan, Metall und Plastik, und er wurde in verschiedenen Möbeln verborgen wie Sesseln, Hockern, Sekretären, Stühlen oder Tischen.

OO – die Nummern an den Klotüren kennzeichneten schamhaft den Toilettenraum in Amtsgebäuden, deren andere Türen ebenfalls durch Nummern gekennzeichnet waren, als einen nicht normalen Raum.

WC, Water Closet – etwa 1589 erfand Sir John Harrington ein Klappenklosett mit Wasserspülung, die von Hand zu betätigen war. Drei Jahre später bereits ließ sich Königin Elisabeth I. ein solches Klo in ihrem Schloss einbauen. 1775 erfand der Londoner Uhrmacher Alexander Cummings auf der Basis der kommunizierenden Röhren den Siphon, auch heute noch zentraler Teil des WCs. Der Siphon war zwar bereits den Griechen 230 v. Chr. bekannt (Siphon = Wasser- und Saugröhre). Sie benutzten ein solches Röhrensystem zur Vermeidung aufsteigender Dünste in den Kanalröhren des Abwassersystems. 1847 wurde in England eine Verordnung für sparsame Spülkästen erlassen, für zu hohen Wasserverbrauch mussten hohe Geldbußen bezahlt werden. Um 1870 entwickelten wiederum die Engländer das Pedestalklosett, ein frei stehendes Keramikklosett, das wirtschaftlicher war als die Vorgängertypen. 1796 gab es ein britisches Patent für ein Pfannenklosett, das aus einer oberen Keramikschüssel und einem darunter liegenden pfannenförmigen Teil aus Metall bestand. Ein Großteil dieser Klosetts blieb bis ins 20. Jahrhundert in Gebrauch. Ohne komplizierte Mechanik kam das Trichterklosett aus, das mit einem feinen Wasserstrahl gereinigt wurde und einen Siphon hatte. Es blieb über lange Zeit vorwiegend das Klosett für Arme, Dienstboten und Fabrikarbeiter. Die ersten Tief- und Flachspülklosetts waren bereits um 1880 bekannt und sind mit geringfügigen Abwandlungen bis heute in Gebrauch.

Cafés & Restaurants

Teatritz
Theateratmosphäre

Madrid/Spanien, Design: Philippe Starck, Paris

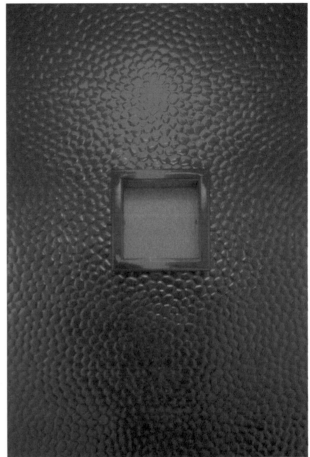

Mitten in Madrid gelegen, hieß es früher Teatro Infanta Beatriz. Philippe Starck wandelte es in ein großes italienisches Restaurant um mit mehreren Bars, einer Disco und einem kleinen Ballsaal voll von überraschenden Effekten. Ein riesiger Theatervorhang aus Samt umhüllt die runde Restaurantfläche und schafft trotz der Größe eine ungewohnte Intimität. Mit großer Geste öffnet sich der Vorhang zur früheren Theaterbühne hin, wo – von Salvador Dalí inspiriert – ein übergroßer, von innen heraus leuchtender Onyx-Barren zur Tischinszenierung wird. Überall trifft man auf den Kontrast zwischen altem Theater und neuen Ideen. Breite Holzrahmen machen Räume zu Bildern; Türen sind aus Glas, Leder oder Samt und beziehen den Besucher immer symbolisch mit ein. Besondere Aufmerksamkeit verdienen die Toilettenräume. Im Vorraum lehnen theatralisch hinterleuchtete Großfotos mit Wassermotiven an der Wand. Ein gläserner Eingang in Blau und Rot vermittelt die Stimmung eines Nachtclubs. Bei den Herrentoiletten läuft das Wasser auf einen atemberaubenden Marmorblock mit Silber und Gold. Die Damen haben ein aus einer Spiegellanze geformtes Eckwaschbecken, das in jede Richtung des Raumes reflektiert. Raumtheater.

00 – Zero-Zero
Spiegellabyrinth

Florenz/Italien, Architektur: Studio d'Architettura Simone Micheli, Florenz

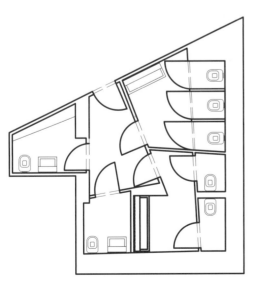

00 – Zero-Zero steht für den Grund allen Seins, der in diesem Restaurant darin liegt, die Pizza zu einer Kunstform zu erhöhen. Angesiedelt in einem futuristischen Zeitalter, erhielt das Restaurant eine fast überirdische Stimmung mit cineastischen Lichteffekten, überwiegend schwarzen Materialien und Spiegelwänden, die den Raum ins Unendliche spiegeln. Auch in den Waschräumen verlieren sich die Raumgrenzen und die Realität gerät ins Wanken. Ein trichterförmiger Vorraum ist vollkommen mit Spiegeln verkleidet. Die Türen zu den einzelnen Toiletten sind nur durch runde Griffscheiben und lachende Schwarz-Weiß-Portraits auszumachen, die aus dem Vorraum ein spaßiges Spiegelkabinett machen. Alle Waschräume und Toiletten sind in schwarz und weiß gehalten und in Kunstharz umgesetzt. Die langen Waschtröge und Armaturen sind aus Edelstahl, Seifenspender und Handtuchtrockner werden per Sensortechnik gesteuert. Farbenfroh ist lediglich die Kindertoilette, die an Wänden, Decken und Boden mit einem bunten Glasmosaik verkleidet wurde und damit die Raumgrenzen ineinanderfließen lässt.

Lindenlife
Erlebnis „on the rocks"

Berlin/Deutschland, WC-Design: Stephan Vogel zusammen mit Jentsch Architekten, Berlin

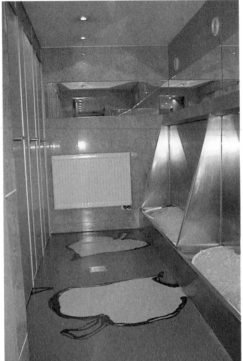

An der Straße „Unter den Linden" gegenüber der russischen Botschaft und unweit des Brandenburger Tores befindet sich das „Lindenlife", ein Gastronomiekomplex mit gläsernem TV-Studio und einer Weinstube im Haus des Bundestages in Berlin. Ganz dem Publikum gemäß, das vor allem aus Regierungsmitgliedern und Medienvertretern besteht, hat der Inhaber Stephan Vogel – ehemaliger Journalist und ein Vorreiter in Sachen Events – hier ein einzigartiges Kommunikationszentrum entstehen lassen. Die Lichtinszenierungen von Zumtobel überraschen im ganzen Haus. Ein besonderes Erlebnis für die männlichen Gäste sind die Herrentoiletten:

blau leuchtende Urinale mit von unten illuminiertem Crash-Eis, das nicht nur frisch aussieht, sondern auch den Geruch gut bindet. Zwei bis drei Mal pro Tag wird das Eis erneuert, das vor einem künstlichen Wasserfall aufgeschichtet ist. Für Stephan Vogel sind die Toiletten die Visitenkarten eines Hauses und lassen auch auf die Sauberkeit der Küche schließen. Marmor und Edelstahl sind hierfür ideal und bieten zudem eine hohe Wertigkeit. Der farbige Kunstharzboden unterstützt den Lichtzauber am Klo und erinnert mit großformatigen Blattmotiven zudem an das Logo des Hauses, ein Lindenblatt.

Lenbach
Dem Zorn gewidmet

München/Deutschland, Design: Sir Terence Conran, CD Partnership Ltd., London

Ende des 19. Jahrhunderts war es ein Privat- und Geschäftsgebäude des jüdischen Textilkaufmanns Bernheim, in den 1980er Jahren wurde es zum Palais am Lenbach, benannt nach seinem Standort am Lenbachplatz. Das historische Umfeld ist wie geschaffen für ein XXL-Lokal mit zwei Bars und einem modern-historischen Restaurant. Gestalterisch hat Sir Terence Conran hier die einzelnen Lokalbereiche den sieben Todsünden zugeordnet – von Gier und Neid über Lust, Eitelkeit, Schlemmerei bis hin zu Faulheit und Zorn. Neid soll aufkommen beim Anblick des „Lenbach", dessen Eingang mit Gasfackeln Pathos erhält. Die Lust wird im Café durch die Düfte geweckt, und auf dem unterleuchteten Laufsteg im Restaurant darf die Eitelkeit zur Schau gestellt werden. Der Blick in die offene Küche weckt die Gier, bevor der Gast der Schlemmerei verfällt. Anschließend findet er im weichen Sofa auf der Galerie Entspannung. Vom Foyer aus führt eine Treppe hinunter zu den Toiletten, die dem Zorn gewidmet sind. Die vergitterten Edelstahltüren lassen Gefängnisatmosphäre aufkommen. Die Hitze des Zorns kommt durch das tiefe Rot der Wände und Decken zum Ausdruck, das durch fackelähnliche Wandleuchten Lichtschimmer erhält. Härte und Aggressivität werden durch die in Edelstahl gehaltenen Waschbecken, Sanitärgeräte und Armaturen dargestellt, verstärkt durch einen spröden, schwarzen Schieferboden.

SuperGeil
Futuredesign in Rot und Orange

Kopenhagen/Dänemark, Design: Johannes Torpe, Kopenhagen

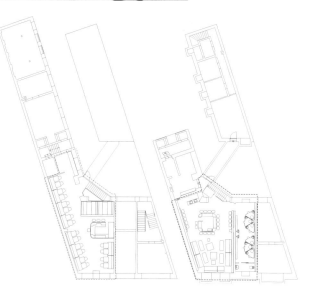

Eigentlich wünschte der Kunde ein hübsches Café mit dänischer Kost und skandinavischem Flair. Der Designer jedoch machte eine umfangreiche Recherche über das Umfeld und die Zielgruppe und entwarf daraufhin ein Café mit futuristischem Design, das neben dem Ambiente sogar die Speisekarte, die Musik und die Personalschulung einbezog. Es war ein Konzept, das für viele Städte möglich sein sollte, die Vervielfachung wurde jedoch durch die Ereignisse des 11. September 2001 auf Eis gelegt. Im langgezogenen Toilettenraum sind dreieckige WC-Kabinen aneinandergereiht, die jeweils in der Raumecke noch ein kleines Waschbecken haben. Die abgerundeten Wände sind aus Sperrholz geformt und mit Epoxydharzlack farbig beschichtet. Eine Unterscheidung zwischen Damen- und Herrentoiletten gibt es nicht, denn sie sind unisex nutzbar – immerhin hat der Gast die Wahl zwischen einer roten und einer orangefarbenen WC-Kabine. Für lange Gespräche und die Schönheitspflege gibt es an der roten Längsfront gegenüber den Kabinen nochmals zwei kleine Handwaschbecken, eingerahmt von hohen dreieckigen Lichtsäulen, die sich an der Wand mehrfach wiederholen.

Les Philosphes
Grundfragen Kants

Paris/Frankreich, Design: Xavier Denamur, Cafeine, Paris

Cafés & Restaurants

Les Philosophes befindet sich mitten im historischen Pariser Stadtteil Marais. Neben Touristen sind die Gäste eine gute Mischung aus Künstlern, Architekten, Journalisten und Studenten. Benannt wurde das Café nach den früheren philosophischen Studien des Inhabers und es ist tatsächlich auch wöchentlicher Treffpunkt von Philosophen. Für all seine Cafés hat Xavier Denamur brillante Toiletten entworfen. Hier, im „Les Philosophes", sind sie vollkommen mit Edelstahl verkleidet. Im Kontrast dazu wurde der Boden mit einem Mosaik ausgelegt, das die Figur des Dionysos zeigt, des griechischen Gottes des Weines. Ganz dem Thema verpflichtet, werden die Besucher mit Philosophie konfrontiert. Zwar mögen sie für sich die drei Schlüsselfragen Kants (Was kann ich wissen? Was soll ich tun? Was darf ich hoffen?) interpretieren, wie sie wollen, doch können sie die Toiletten nicht verlassen, ohne eine Antwort dazu im Spiegel zu sehen: „Je doute" und „J'ai conscience". Ein kleiner Scherz über das menschliche Wesen ist das Bücherregal in der Vitrine zwischen den Toiletten. Die ersten Bücher, die die Damen sehen können, sind „die Deklaration der Menschenrechte", die Herren hingegen sehen Bücher, die überwiegend von Frauen geschrieben wurden.

Torre della Sassella
Lichtinszenierung im Turm

Sondrino/Italien, Architektur und Lichtdesign: Consuline, Francesco Iannone, Mailand

Hoch oben über den Weinbergen von Sassella steht der alte Aussichtsturm aus dem 12. Jahrhundert, der zuletzt im 18. Jahrhundert ein militärischer Beobachtungsturm war und zu den schönsten Bauten der Lombardei zählt. Heute befindet sich darin das Restaurant „Torre della Sassella". Es erstreckt sich über fünf Stockwerke mit einem Panoramasaal, sieben kleineren Sälen und einem Weinkeller mit Probierstube. Behutsam wurden der mittelalterliche Charakter des Gebäudes erhalten, felsige Nischen und Vorsprünge funktional und dekorativ genutzt. Die Böden sind mit Natursteinplatten belegt. Seine besondere Atmosphäre aber erhält jeder Raum durch die szenografische Beleuchtung in Lichtfasertechnik. Jedem Geschoss wird dadurch ein ganz eigenes Flair mit natürlichen Lichteffekten verliehen. Selbst die Toilettenräume sind in dieses dramatische Beleuchtungskonzept einbezogen. In dem felsigen Gemäuer bestehen die WC-Kabinen aus freistehenden Stahlzylindern. Für die Waschbereiche wurden Kupferplatten vor die Felswände gestellt. Edelstahlwaschbecken, Glasablagen und dekorative Tische für die Handtücher sorgen auch hier für ein sehr privates Ambiente.

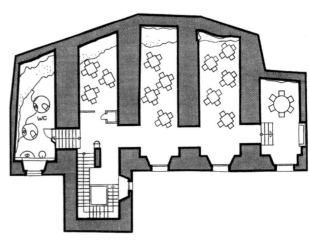

Saliba
Entspannung auf Orientalisch

Hamburg/Deutschland, Architektur: Carmen Amelia Munoz de Frank, Hamburg

In einem schlichten Industriebau untergebracht, dem ehemaligen Elektrizitätswerk Bahrenfeld, überrascht das syrische Gourmet-Restaurant „Saliba" mit einem Ambiente, das Orient und Okzident vereint. Die Einstimmung in die syrische Lebenskultur erfolgt durch einen großen hellen Salon mit bequemen Diwanen; die Fenster sind traditionell mit Holzgittern abgeschirmt, den so genannten Maschrabiyas. Wie in einem Märchen aus *Tausendundeiner Nacht* spiegeln sich in den Gasträumen Hunderte von kleinen Lichtern aus ringförmigen Deckenleuchten im farbigen Fliesenboden. Die schlichten Räume und Nischen atmen in ihren Formen und dezenten Farben orientalisches Flair. Ein Seitengang ist mit kleinen Vitrinen ausgestattet und führt zum Toilettenbereich. Hier laden zimtfarbene Wände und Fliesenboden zum Verweilen ein. Die dunkelblaue Decke ist ebenso wie die großen Spiegel im Vorraum mit einem Fries aus hinterleuchteten Rauten eingefasst und gibt dem Gast das Gefühl, in einem Privatgemach, einem Boudoir, zu sein. Seine Sinne werden von Farben, Düften und der zurückhaltenden Dekoration verwöhnt. Ein Stück Orient zur Entspannung.

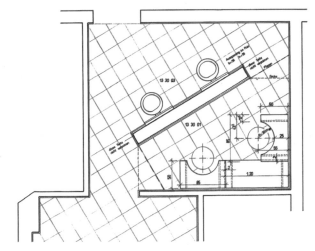

Babu
Stimmungsvolles unter Stadtbögen

Wien/Österreich, Design: BauArt, Wien

40

Die Wiener Stadtbahn verdankt ihre herausragende Bedeutung der Baukunst Otto Wagners, der Ende des 19. Jahrhunderts diese für Wien so wichtige Verkehrsachse aus Eisen und Ziegeln ins Leben rief. Nun sollen die über 400 meist zugemauerten Stadtbahnbögen allmählich einer neuen Nutzung zugeführt werden, um daraus eine Kultur- und Szenemeile zu machen. Dort, wo die Bögen am höchsten sind, ist das „Babu" untergebracht – Restaurant und Club in einem. Die lange Bar, die drei Bögen miteinander verbindet, ist das leuchtende Herzstück von Babu. Behutsam wurde das Sichtziegelgewölbe des Stadtbahnbogens freigelegt und mit zeitgemäßen Materialien wie Sichtbeton, Glas und Edelstahl eine fast wohnliche Atmosphäre geschaffen. Für den gesamten Servicetrakt, der auch die Sanitäranlagen enthält, wurde ein Holzkubus aus kaukasischem Nussbaum gebaut, dessen gebogene Längsseite die Form des Gewölbebogens aufnimmt. Besonders schön ist der Einsatz von Edelstahl-Sanitärgeräten im WC-Bereich, in denen sich die warmtonigen Holzflächen widerspiegeln und zugleich mit dem versiegelten Betonboden kokettieren. Ein einfaches, aber stimmungsvolles Ambiente im alten Ziegelgemäuer.

L'Arca
Schiffsromantik

Follonica/Italien, Architektur: Antonello Boschi, Follonica

Cafés & Restaurants

42

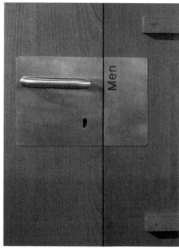

Früher war das „L'Arca" ein einfaches Strandhaus an der Küste des toskanischen Städtchens Follonica. Heute weist eine riesige Edelstahlflosse auf dem Holzsteg den Weg zum Musikrestaurant, das tagsüber Touristen und Familien, abends einem jungen Discopublikum einen herrlichen Meeresblick gewährt. Die Gestaltung ist eine reizvolle Symbiose aus altem Holzhaus und moderner Nutzung. Auf dem Schiffsdielenboden weisen Boden-lichter den Weg zur Bar, an der Stützen mit Edelstahl verkleidet sind. Ein stilisierter Himmel aus gläsernen Wolken lädt im Clubraum zur blauen Stunde am Meer ein. Auch die WC-Räume tragen das moderne Flair weiter: Edelstahlwände mit einem runden Spiegel und Edelstahlwaschbecken werden hier von einer blauen Sternendecke überdeckt, die zusammen mit dem Dielenboden einen Hauch Schiffsromantik in neuem Gewand vermitteln.

Schirn Café
Theaterflair

Frankfurt am Main/Deutschland, Design: Stilbruch, Michael Müller, Wiesbaden

Das „Schirn Café" liegt direkt neben der Kunsthalle Schirn, in unmittelbarer Nähe des gotischen Doms und mitten im Herzen der Stadt Frankfurt; es ist eine Bühne der Begegnung, sowohl des banalen Alltags als auch der großen Gesten. Seine 40 Meter lange Bar erhielt das Lokal vor Jahren vom spanischen Architekten Alfredo Arribas, doch wurde das einstige Stadt-Café immer wieder umgebaut, mal elegant und kosmopolitisch, mal eher theaterhaft verspielt. So stellt das „Schirn Café" selbst ein Stück modernen Theaters in historischem Umfeld dar. Die im Untergeschoss gelegenen WC-Anlagen sollten in diese Theateridee einbezogen werden. Ein weißer, langer Vorhang begleitet den Gast den geschwungenen Flur entlang nach unten bis zu einem Vorraum, in dem ein Kamin und Stehleuchten wohlige Atmosphäre suggerieren. Ganz entgegen üblicher Gepflogenheiten wurde der dunkle Parkettboden auch in die Toilettenräume hineingezogen. Raumtheater durch inszenierte Beleuchtung, die selbst den Urinalbereich zum Showroom macht. Bei den Damen läuft das Wasser statt in ein Becken einfach über eine geneigte Marmorplatte. Ein Mix von Sichtbeton, Holzparkett, Marmor und Milchglastüren prägt das Design. Die Besonderheit aber ist das Damenurinal „Lady P", das durch einen Vorhang vor neugierigen Blicken geschützt ist.

Toi
Plastik und Plüsch mit Vanilleduft

Paris/Frankreich, Design: Créations Chérif, Paris

PRIVE

Zwischen den Champs Elysées und der Rue du Faubourg Saint-Honoré liegt in der fast unscheinbaren Rue du Colisée das Restaurant „Toi" (franz. Du), das den geschäftigen und eiligen Kunden dieser Gegend einen ruhigen Platz bieten möchte. Der algerische Designer Chérif hat hier eine Oase aus Farbe, Glas und Licht geschaffen, eine elegante Welt, die an die klassischen Interieurs der 50er bis 70er Jahre erinnert. Wände, Decken und die weich gepolsterten Sessel sind in warmem Rot gehalten. Hinter organischen Deckenformen fließt weißes helles Licht hervor, das den Räumen ein südländisches Flair verleiht. Ein dunkler Parkettboden zieht sich über drei Ebenen durchs Haus und führt die Besucher auch nach unten zu den Toilettenräumen. Hier umfängt die Gäste Vanilleduft und Vogelgezwitscher.

Breite Edelstahlrahmen umfassen semitransparente Glastüren und verweisen schon hier auf den besonderen Ort, der für die Damen in rosafarbenen und für die Herren in hellblauen, von Hand gestrichenen Fliesen gestaltet wurde. Anstelle von Urinalbecken gibt es für die Herren eine einfache Fliesenwand. Aus einem kleinen Sprühkopf verteilt sich das Wasser fächerartig über die Wand; modernste Sensortechnik steuert Zeitdauer und Wassermenge. Bei den Damen überraschen vor allem die gepolsterten Türen aus glänzendem rosa Kunststoff. Sie verleihen den WC-Kabinen etwas Geheimnisvolles und Privates zugleich. Ein roter flauschiger Stuhl im Vorraum dürfte mancher Kundin oder Freundin das Warten erleichtern.

Automatische Toilette für Inax

Der japanische Designer Tokujin Yoshioka aus Tokyo entwickelte anlässlich einer Ausstellung im Jahr 2000 für den japanischen Sanitärhersteller Inax eine experimentelle automatische Toilette aus Edelstahl, hygienisch sauber und antibakteriell. In ihrer Form spiegelt sie die japanische Harmonie wider, die Schönheit, Funktion und Technik miteinander vereint. Die Toiletteneinrichtung ist mit einem Sensor ausgestattet, der bei Bedarf die Edelstahlplatte öffnet und die keramische Toilettenschale hinter einer Glaswand sichtbar werden lässt.
Design: Tokujin Yoshioka Design, Tokyo

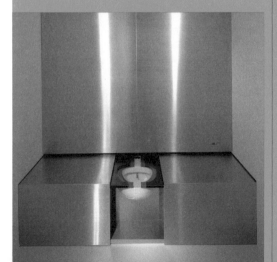

Antike Toiletten

Schon etwa 5000 v. Chr. hatte König Minos in seinem Palast in Kreta eine „Spültoilette": unter einem auf dem Boden angebrachten Holzsitz lag ein von Wasser unterspülter Hohlraum, der alle Fäkalien in einen nahe gelegenen Kanal schwemmte. Der Abort befand sich in einem Raum von 2 x 1 Meter, ein Raum, der größer war als manche unserer heutigen Toiletten. In vielen Palästen Mesopotamiens fand man Kloanlagen zum Sitzen aus Steinplatten oder Mauerscheiben, die so aneinandergelegt waren, dass sie einen Schlitz freiließen. Die Babylonier verwendeten lieber Hockabtritte. Den Wasserreichtum nutzten zumindest die Reichen, um eine Wasch- und Klokultur zu entwickeln, die längst vergessen scheint. Die Babylonier hatten schon 2000 v. Chr. ausgefeilte Entwässerungstechniken entwickelt, bei denen bereits eine Abwasserreinigung vorgenommen wurde.

Sickerschacht in Babylonien

Das erste Wasserklosett aus China?

Im Sommer 2000 berichtete die chinesische Nachrichtenagentur Xinhua von einem archäologischen Fund aus der westlichen Han-Dynastie, also etwa 200 v. Chr. bis 24 n. Chr. In einem antiken Fürstengrab wurde eine Toilette aus Stein entdeckt, damit die Toten im Jenseits alle Annehmlichkeiten genießen könnten. Das chinesische Klo hatte sogar Armlehnen, einen festen Deckel und Wasserspülung. Nur Papier gab es wohl noch nicht.

„Brot und Tulpen", ein Film von Silvio Soldini (2000) – Die Zuflucht in die Welt des Möglichen beginnt auf dem Klo

Erst bricht Rosalbas Tellerchen mit dem Sonnenbild entzwei, dann fällt ihr Ehering ins Klo, und als sie aus dem Raststätten-WC herauskommt, ist der Bus weg, mitsamt dem nervigen Gatten, den Kindern und Verwandten. Und Rosalba landet, per Autostopp und auf diversen Umwegen, in Venedig, wo sie bei dem anarchischen Blumenhändler Grazia ihrer wahren Berufung folgen kann und in Fernando, dem isländischen Kellner, gespielt von Bruno Ganz, einen Mann findet, für den Frauen nicht nur ein Suffix an „Putz" sind (Olaf Möller, film.de). Es ist ein Film über die Furcht vor dem Fremden und die Angst vor dem Abenteuer, der mit Witz und Feingefühl die Welt des Möglichen öffnet, regional italienisch und doch universell, liebevoll und sehr komisch.

Eingangswand zu den Toiletten

Aus der Literatur

Brecht, Burroughs, Bukowski, Joyce, Roswitha von Gandersheim, Goethe, Rabelais, Swift, Grass, Böll und viele andere füllen Seiten, ja Kapitel mit diesem Thema und Hans Magnus Enzensberger schlussfolgert, daß auch Geschriebenes sich als Ausscheidung auffassen lasse. Als Beleg nenne er den Topos, der das Buch als ein Buch, als eine erste, schwere oder misslungene Geburt beschreibt; er führe die ordinäre Redensart an, dieser oder jener Autor könne die Tinte nicht halten; er verweise auf das Modell, nach dem der Schriftsteller erst etwas in sich aufnimmt, es dann verdaut, und sich das Werk schließlich abpresst.

WC-Skulptur in Rotterdam

Mitten in den Geschäftstraßen von Rotterdam gibt es formschöne Skulpturen für die ganz persönlichen Bedürfnisse. Die Holländer scheinen sehr offen mit diesem Thema umzugehen, denn wer diese hier benutzt, hat häufig Publikum.

KunstHausWien – Café von Hundertwasser

Zum Museumskonzept sagte Friedensreich Hundertwasser (1928–2000): „Das KunstHausWien soll eine Kunst und eine Architektur vorleben, in der die Natur und der Mensch wieder im Mittelpunkt stehen. Es ist das erste Bollwerk gegen eine falsche Ordnung der geraden Linie, der erste Brückenkopf gegen das Rastersystem und das Chaos des Nonsens." Das Café befindet sich in einem flacheren Anbau des Museums mit einem mit Gras begrüntem Dach. Im Innern wachsen schwarz-weiße Fliesen die Wände hoch und werden vor den Toilettentüren zu mannshohen Bildern von Mann und Frau.
www.kunsthauswien.com

Das Klo in der Litfaßsäule

1854 hatte der Berliner Druckereibesitzer Ernst Litfass die Idee, in seinen runden Plakatsäulen Pissoirs unterzubringen. 30 Urinale wollte er auf eigene Kosten aufstellen lassen und betreiben, unter der Bedingung, dass alle öffentlichen Anschläge bei ihm gedruckt und auf seine Säulen geklebt würden. Er bekam die Konzession, doch aus Kostengründen lieferte er die Säulen dann doch ohne Pissoir. Erst die Firma Wall hat diese Idee wieder aufgegriffen und aus den Litfasssäulen in Berlin Klohäuschen mit Werbeflächen gemacht, die inzwischen in 40 Metropolen in fünf Ländern eingesetzt werden.

Victor Hugo – Die Elenden (1862)

Er verglich vergeblich den Abort mit einem Zyniker und behauptet nicht unzutreffend, die Geschichte der Menschheit spiegle sich in der Geschichte der Abwässer.

Museum für historische Sanitärobjekte KLO & SO in Österreich

In Gmunden am Traunsee in Österreich gibt es ein für Europa wohl einmaliges Museum, das Fritz Lischka, der ehemalige Werksdirektor des Sanitärkeramikherstellers Laufen, innerhalb von fast 40 Jahren aufgebaut hat. Hier sind mehr als 300 Klos, Zimmer- und Wasserklosetts, Bidets und Waschtische aus vielen Jahrhunderten versammelt. Besonderheiten sind das Bidet der Kaiserin Elisabeth oder eine Wellenbadschaukel. Vom Plumpsklo über Nachttöpfe und Leibstühle bis zum modernen Spülklosett wird alles gezeigt. Auch verschiedene Techniken wie die Einführung des Siphons und unterschiedliche Werkstoffe von Klos wie Backstein, Blei oder Keramik werden vorgestellt. Diese Sammlung ist heute führend in Europa.

museum@gmunden.ooe.gv.at

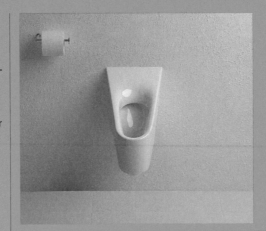

„Girly" – ein Urinal für sie, für ihn und die Kinder

Auch dieses Produkt von Catalano ist wie ein normales WC konzipiert, aber schmaler, um dem Bedürfnis der Frauen entgegenzukommen, sich nicht auf das WC setzen zu müssen, sondern es zwischen die Beine zu schieben. Es funktioniert als Urinal für beide Geschlechter und auch als bequemes WC, für den privaten, vor allem aber den öffentlichen Bereich, um eine entspanntere Haltung einnehmen zu können.

Design: Matteo Thun, Mailand

Berliner Szenekneipe „Klo"

Über 30 Jahre gibt es diese ungewöhnliche Toiletten-Kneipe schon in Berlin. Hier wird inmitten eines Panoptikums aus Nachttöpfen, Klobürsten und Klopapierrollen das Bier in Uringläser gezapft. Bei Berlinern und Touristen beliebt, ist dieses Lokal eine Mischung aus Geisterbahn und Kuriositätenkabinett.

www.klo.de

WC „Nautilus" von Rudolf Ditmar Znaim, 1904

„Downsize" von Chris Welzenbach (2003) – Theater auf der Herrentoilette

28 Minuten lang herrscht auf der Herrentoilette des „Cubby Bear", der Fankneipe gleich gegenüber dem Wrigley-Field-Stadion in Chicago, angespannte Stille. Ein Hauch Urin liegt in der Luft. 19 Menschen pressen sich an die weiß gefliesten Wände und versuchen entspannt auszusehen. Archie, der Böse im Spiel, stürmt herein, und mit ihm vier weitere Schauspieler. Die Intrige findet im mittleren Management einer kleinen Handelsfirma statt, das der Pleite entgegensteuert. Der Handlungsort von „Downsize" ist tatsächlich ein Klo, damit die „Zuschauer auf Augenhöhe mit den Schauspielern sind. Und der Umstand, sich an einem Un-Ort aufzuhalten, suggeriert das Gefühl, Verbotenes zu tun und Dinge zu hören, die nicht für sie bestimmt sind", bestätigt der Autor Welzenbach die Ortswahl. „Das Publikum ist verdammt nah dran", meint der Archie-Darsteller. Zugleich ist die gnadenlose Nähe zum Protagonisten faszinierend; jedes Atmen ist hörbar, die kleinsten Schweißperlen sind zu entdecken – eine Grenzerfahrung, vor allem auch für die Frauen des amerikanischen Mittleren Westen, die es nie wagen würden, eine Herrentoilette zu betreten.

Die Welt, 9. Oktober 2003

Bars/Clubs/Discos

ZeBar
Unter den Arkaden

Ljubljana/Slovenien, Architektur: Nenad Fabijanic, Zagreb

Die Galerie Zebra befindet sich in einem der Häuser des kroatischen Architekten Joze Plecnik aus dem 19. Jahrhundert und präsentiert Möbel und Glasobjekte des Künstlers Oskar Kogoj. Im gleichen Gebäude einige Meter weiter betritt man vier Stufen unter Straßenniveau die „ZeBar" – ein Wortspiel zu „Zebra". Schwarzer Marmor am Boden kontrastiert mit den ocker-goldenen Wänden und der Gewölbedecke und macht zugleich deutlich, dass die Bar der Nacht gehört. Kleine Lichter fallen auf die Wandnischen, Bodenleuchten helfen dem Gast über den tiefschwarzen Boden. Die archaische Natur des Barraumes setzt sich auch auf den Toiletten fort, doch hier weitaus heller. Der Zugang erfolgt über eine Art Vorhof, dessen alter Natursteinboden bei den Toiletten in den hellen Granit Bianco Sardo übergeht, der sich noch hinter den Edelstahlwaschbecken halbhoch die Wände emporzieht. Die beiden Toiletten sind durch eine Spiegelwand getrennt, die von einer raumhohen Edelstahlstütze gehalten ist, als Semper-Metapher für eine urzeitliche Behausung. Nussbaumtüren unterstützen den Charakter des alten Hauses. Der Raum von der Toilettenkabine bis zur Gewölbedecke ist mit Glas versehen und lässt so die Toilettenräume leicht und weitläufig erscheinen. Eine Arkade außerhalb des Hauses wandelt das Tageslicht in den Toilettenräumen in ein dezentes Licht um.

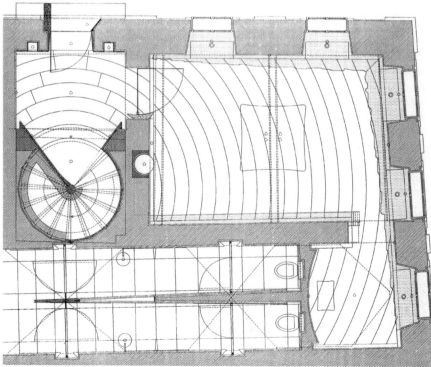

Piccolo Bar
Schräg gestellt

Savona/Italien, Architektur: Andrea Meirana, Genua

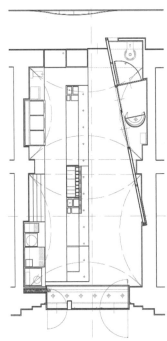

Direkt am Eingang öffnet sich ein schwerer roter Samtvorhang und gibt den Blick auf einen schmalen Barraum frei, durch den sich eine lange Theke mit Glasabdeckung zieht. Boden und Thekenfront sind aus poliertem Beton. Eine schräg gestellte Wand aus satinierten, waagerechten grauen Stahllamellen wurde in den Raum hineingestellt, um dem Wasch- und Toilettenbereich Platz zu machen, aber auch um dem Raum einen besonderen Ausdruck zu verleihen. Die Wand reicht nämlich nicht ganz bis zu der gewölbten Decke hinauf. Die Milchglasscheiben der breiten Schiebetüren in der Lamellenwand korrespondieren mit der abgewinkelten Glasabdeckung der Theke und öffnen sich zu einem spitzwinkligen Waschraum hin. Vor einer gebogenen Stahlwand fließt das Wasser per Sensortechnik aus einem waagerechten Stahlrohr in eine abgekippte Glasplatte. Schillernd und doch unauffällig, fast wie eine Quelle aus einem Felsen. Der Ablauf bleibt unsichtbar. Die Szenerie wird von unten durch ein Bodenlicht angestrahlt. Eine sparsame, sehr beeindruckende Lösung.

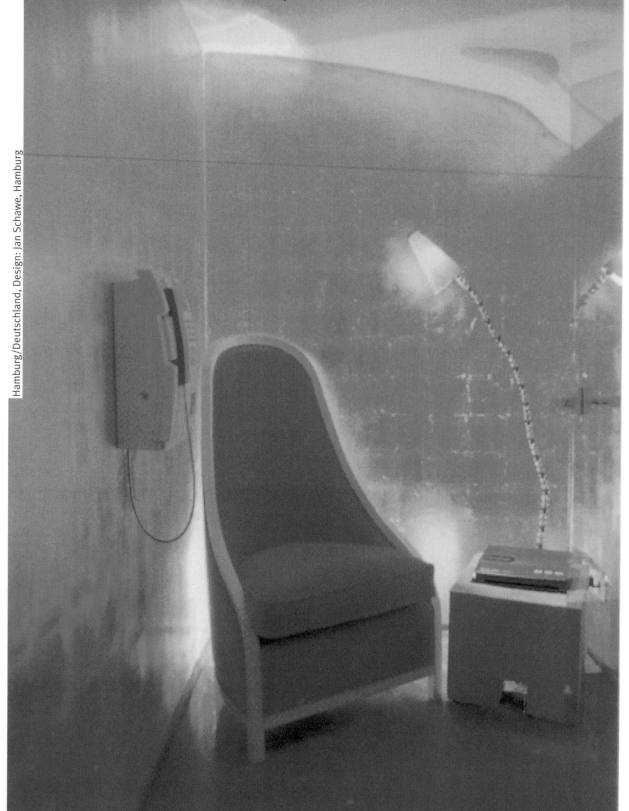

Ganz in der Nähe der Alster und des Schauspielhauses liegt die „Bar Hamburg" in einem stattlichen Gebäude aus dem 19. Jahrhundert. Auf zwei Ebenen erlebt der Besucher hier eine Kombination aus Bar, Lounge und Restaurant, die durch ungewöhnliche Lichtspiele, dekorative Wandobjekte und überraschende Dekorationen zu einer bühnenhaften Barlandschaft werden. Ledersessel aus den 30er Jahren in der Lounge, eine goldbelegte Telefonzelle im Untergeschoss und die Toilettenanlagen tragen dazu nicht unwesentlich bei. Die Herren haben über den Urinalen kleine Flachbildschirme mit Videokunst oder besonderen Musikclips, die von peinlichen Blicken oder Gesprächen ablenken. Ansonsten ist der Raum eher karg gehalten, männlich nüchtern, wie auch der Waschraum, dessen kleine Waschbecken und Spiegel mit der Aufschrift „Kopie" versehen sind. Eine der WC-Kabinen wurde zum dekorativen Lichtraum mit wechselnden Installationen, in den die Herren durch ein Guckloch in der Glaswand schauen können. Bei den Damentoiletten und im Waschbereich ist die Atmosphäre eher wohnlich und in warmen Farben gehalten. Beige-braune Wände trennen den Frisier- und Waschbereich, in dem eine weiße Keramikschüssel auf dunkler Holzplatte an ein gepflegtes Hotelzimmer erinnert. Wandfüllende Spiegel und weiches Licht verstärken diesen Eindruck zusätzlich.

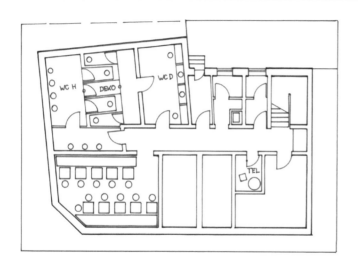

Supperclub
Gesprächsinseln

Amsterdam/Holland, Design: Concrete Architectural Associates, Amsterdam

Der „Supperclub" hat offenbar in Amsterdam das Loungeleben erst richtig eingeführt und bietet damit einen Ort der Entspannung; weitläufig, stilvoll, mit exotischen Gerichten und ständig neuen Präsentationsideen. Dem relaxten Clubber bieten sich vier Bereiche zum Verweilen: la salle neige, le bar rouge, le salon coloré und les toilettes noires. Im weißen Restaurant sitzt man auf weißen Matratzen oder auf Panton-Chairs in der Raummitte und isst von silbernen Tabletts. Der Wechsel von farbigem Licht und Projektionen verändert die Raumstimmung. Die rote Bar erinnert an die Neonzeit der 60er Jahre, und in der farbigen Lounge können Clubmitglieder in privater Atmosphäre bei Chill-out-Musik der Realität entfliehen. Am ungewöhnlichsten sind sicher die Toiletten, die anstatt „Damen" und „Herren" hier „homo" und „hetero" heißen. Um sie aber als Treffpunkt zu gestalten, wurden sie komplett schwarz ausgekleidet, da in weißen WCs sicher keine Gespräche zustande kämen. Hier sitzen und schwatzen die Gäste auf großen Gummiblöcken, während es sein kann, dass die Männer an den Urinalen stehen. Anstelle von normalen Spiegeln gibt es erleuchtete Bullaugen, durch die Flirtpartner erspäht werden können. Waschbecken und Toiletten sind aus Edelstahl, und die Lichtinszenierung verleiht den Räumlichkeiten Clubcharakter.

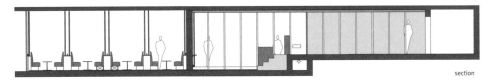

section

section

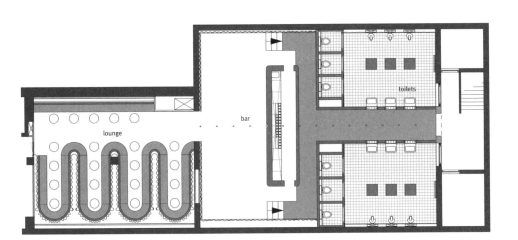

plan

Nasa Club
Jetset in Weiss

Kopenhagen/Dänemark, Design: Johannes Torpe, Kopenhagen

Wer diesen Nachtclub besuchen möchte, muss entweder Model, reich oder berühmt sein oder jemanden kennen, der so etwas ist. „Nasa" ist der Jet-set-Nachtclub in Kopenhagen für ein etwas älteres, kreditwürdiges Publikum, ein geschlossener Club nur für Mitglieder. Der Anspruch ist international, das Ambiente exklusiv und der Service edel. Ein Glaslift beamt die exklusiven Gäste nach oben in den zweiten Stock. Hier ist das Design von den Science-Fiction-Filmen der 6oer Jahre inspiriert und erinnert an das Innere von Raumschiffen: weiß gerundete Formen, viel Kunststoff, indirektes Licht oder Licht aus Opalglasleuchten an der Decke, Neonobjekte an den Wänden, weiße Lederbänke. Im Aquarium an der Rezeption schwimmen weiße japanische Karpfen. Das futuristische Design wurde selbst in die Toilettenräume übertragen, die weiche Raumformen und abgerundete Tür- und Spiegelrahmen zeigen; Neonsignets auf dem raumbreiten Spiegel über dem Waschbecken erinnern an Bildschirmcodes. Die Raumformen verschwimmen fast im totalen Weiß dieses spacigen, exklusiven Clubs.

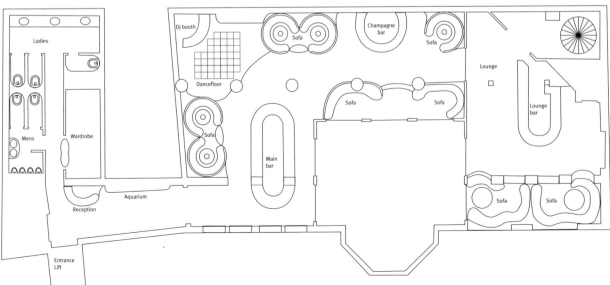

Ladies

Mens

Wardrobe

Reception

Aquarium

Entrance
Lift

Dj booth

Dancefloor

Sofa

Sofa

Main
bar

Champagne
bar

Sofa

Sofa

Sofa

Sofa

Lounge

Lounge
bar

Sofa

Sofa

Mamamia
Verspielte Lebensfreude

Senigallia/Italien, Design: Gilberto Mancini, Atlantide, Senigallia

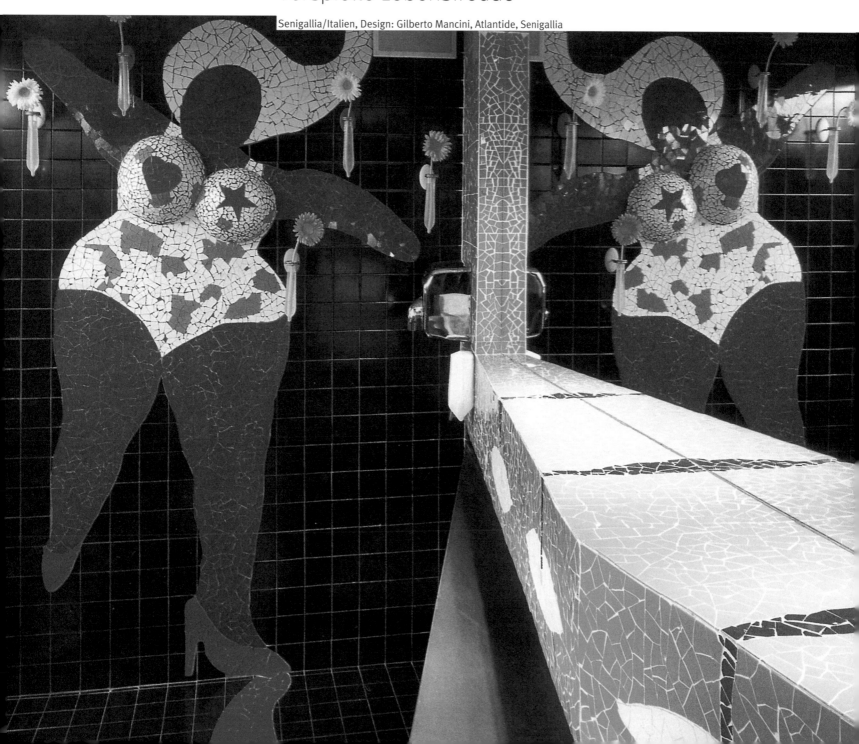

Mamamia ist ein alternatives und beliebtes Musiktheater für Pop- und Rockkonzerte und kleine Theaterstücke am Rand der Stadt. Für den Inhaber gehören Lebensfreude und Musik in alle Lebensbereiche, und so hat er sie auch auf die Gestaltung der Klos übertragen. Der Spaß beginnt bereits an der breiten Klotüre: Pfiffige Teufelspiktogramme, die das Logo des Hauses sind, zeigen den Weg zum richtigen Ort. Schwarze quadratische Fliesen im Damenwaschraum bilden den Hintergrund für die übergroße Wanddekoration „Donna forever", ein dreidimensionales Mosaik mit Blumenhaltern aus Kondomen. Skulptural ausgebildete Flächen in farbigem Mosaik und unregelmäßiger Größe umrahmen den Spiegel. Der sensorgesteuerte Wasserstrahl läuft in einen gefalteten Stahltrog. Als symbolische Verbindung zwischen Mann und Frau führt eine rote Fliesenspur auf dramatische Weise von den Damen- zu den Herrentoiletten und mündet dort unter der Decke in ein gleißendes Licht. Der übrige Raum ist hier eher ruhiger und sachlicher gehalten; statt schwarz sind die Fliesen weiß, schwarz-rote Mosaikfelder geben dem Raum eine musikalische Rhythmik. Statt ausladender Spiegelflächen zur Darstellung der männlichen Schönheit müssen Spiegelflammen dem kritischen Blick genügen. Sinnliche Lebensfreude selbst auf dem Klo.

Fura
Showbühne in Industrieatmosphäre

Lonato/Italien, Architektur: Beppe Riboli Design, Crema

Eine große leere Halle mit einfacher Betonstruktur ist die Plattform für diese ungewöhnliche Diskothek in Lonato am Gardasee, die technisch so ausgestattet ist, dass fast aus dem Nichts eine multimediale Showbühne mit allen Raffinessen entstehen kann. Über dem Tanzboden hängt eine textile 360-Grad-Videowand für Projektionen und auf den Seitenwänden der Halle werden 20 Meter lange Bildsequenzen moderner Ikonen abgespielt. Ein komplettes Bühnenset mit Traversen und Scheinwerfern unterstützt die Musikinszenierungen und Performances. Mit wenigen, aus dem Theater entliehenen Elementen wird diese Industriearchitektur zur Showbühne: Schwere blaue Samtvorhänge bilden den Eingang, und in dem polierten Betonboden weisen Bodenlichter den Besuchern den Weg. Genietete Stahlmöbel erinnern an gezackte Gardinen. Diese skurrile Inszenierung setzt sich auch auf den Toiletten fort. Ein Fliesenboden aus Kleinmosaik durchzieht die Räume, die Wände sind rau verputzt. Schimmernde trapezförmige Bleche an der Decke nehmen den Industriecharakter auf. Alle Einbauten sind aus Stahl gefertigt. Die WC-Kabinen werden von blau beleuchteten Zylindern umschlossen, bei den Waschtischen scheinen überhängende Stoffe zu Stahl geworden zu sein. Selbst die floral geformten Spiegelrahmen und Ablagen sind aus Stahl. Industrie-Performance.

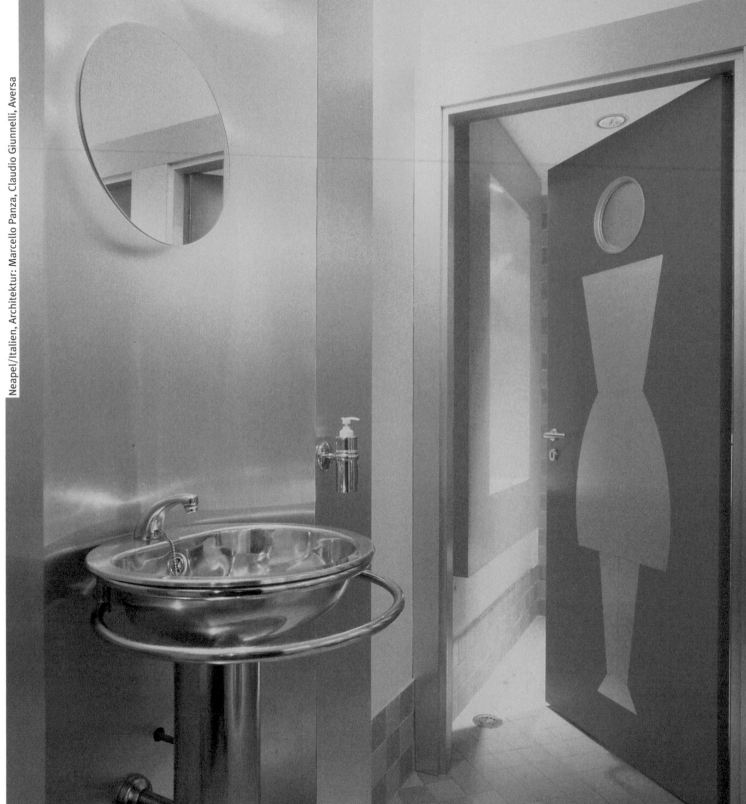

Anima Mia
Die Seele der 70er Jahre

Neapel/Italien, Architektur: Marcello Panza, Claudio Giunnelli, Aversa

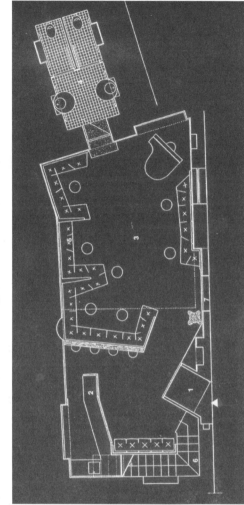

Mitten im Herzen der Stadt Neapel gelegen, wurde diesem Nachtclub – wie der Name sagt – die Seele der 1970er Jahre eingehaucht. Unverwechselbare Merkmale fangen sowohl die Piano-Bar-Stimmung als auch das Fetzige dieses Musikstils ein. Direkt von den 70ern geborgt wurden die damals neuen Kunststoffe, Holzimitate und Tapeten; die textilen Deckenleuchten „Falkland" von Bruni Munari verdoppeln sich durch ovale Spiegel im Raum. Sie sind eine spielerisch angeordnete Update-Version des klassischen Salon-Barspiegels. In den Farben und der gesamten Raumstimmung wird deutlich, wie mit zeitgemäßen Mitteln das klassische Thema des Gegendesigns neu formuliert wurde, mit dem sowohl eine Suche nach Frieden als auch der Umsturz des

Mittelklasse-Geschmacks verbunden war. Diese Stimmung wird auch in die Toilettenräume getragen. Grün-gelbe Fliesenmuster, wie in jener Zeit üblich, teilen sich am Boden in Grün und Gelb für die Damen- beziehungsweise die Herrentoilette. An den Türen prangen strenge übergroße Piktogramme. Ganz in unsere Zeit aber gehören die Edelstahlwaschbecken und -toiletten und die gerahmten Wandnischen, die diese Toilettenräume zu etwas Besonderem machen.

Disco
Mystischer Zauber
São Paulo/Brasilien, Architektur: Isay Weinfeld, São Paulo

In Nachtclubs geht es um das Eintauchen in sinnliche Genüsse von Licht und Musik, in denen der Raum kaum noch wahrgenommen wird, so wie in der „Disco" in São Paulo. „Elegant und gewagt" sollte sie sein, und das ist sie vom Eingang bis zur Toilette. Böden, Wände und Decken des Eingangstunnels wurden mit farbigem Glasmosaik belegt, das von Fiberglas-Lichtpunkten unterbrochen wird. Am Ende des Ganges leuchtet das Wort „Disco" in orangefarbener Neonschrift, die sich im Boden spiegelt. Im Inneren sind alle Räume schwarz, das Interieur ist kaum zu sehen. Zur Orientierung und Inszenierung gibt es Licht, Acrylglas und Farbe. Blickfang hinter der langen Bar ist ein Lichtbild aus farbigen Plastik-Fäden der Campana-Brüder. Teppiche, Ledersessel, Kunststoffmöbel – alles in Schwarz, und dazwischen leuchten Acrylglasboxen und farbige Loungestühle. Schwarze Eleganz auch auf den Toiletten. Böden und Waschtische sind aus dem Kunststein Granilite, schwarzes Wellblech umhüllt die WC-Kabinen, selbst die Sanitärgeräte sind aus schwarzer Keramik. Blitzende verchromte Armaturen und Waschbecken aus transparentem farbigen Acrylglas werden im Kontrast dazu dramatisch beleuchtet.

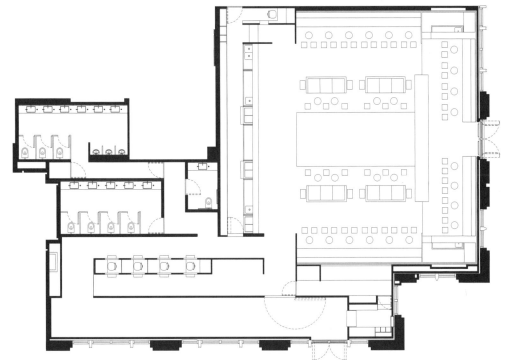

Römische Prachtlatrinen

Die Römer hielten viel von gemeinsamen Sitzungen, und so tauchten schon ab dem frühen 2. Jahrhundert v. Chr. im städtischen Raum Latrinen außergewöhnlicher Größe und erlesener Architektur auf, die zwischen 25 und 80 Personen Platz boten. Der Abstand betrug höchstens 50–60 Zentimeter, was den geselligen Kontakt unterstützte. Diese Großlatrinen befanden sich in einem Hof mit Säulenreihen und waren dadurch hell, gut belüftet und mit Wasser gespült. Häufig waren sie auch an Thermen angeschlossen. Die Ausstattung war luxuriös: Die Sitzbänke bestanden aus Marmorplatten, die Spülrinnen für die Bodenreinigung verliefen unterirdisch, Mosaike schmückten die Fußböden, Wandfresken und Springbrunnen erfreuten Auge und Ohr. Das Stammpublikum der Prachtlatrinen bestand aus der gut situierten Kaufmannsschicht, daher waren sie meist da zu finden, wo das Leben pulsierte, nahe des Forums oder der Agora. „Die römische Prachtlatrine war eine Nahtstelle zwischen privat und öffentlich, zwischen der Regelung der persönlichen Lebensführung und den Notwendigkeiten des zwischenmenschlichen Kontaktes."
Richard Neudecker: Die Pracht der Latrine.
München 1994

Römische Gemeinschaftslatrine in Dougga

„Das Gespenst der Freiheit", ein Film von Luis Buñuel (1974) – Abendgesellschaft auf Kloschüsseln

Mit dem hintergründig-ironischen Motto „Es leben die Ketten! Nieder mit der Freiheit" entwarf Luis Buñuel 1974 mit seinem Film „Das Gespenst der Freiheit" ein fantasievolles Puzzle, zu dem er Bilder einer verkehrten Welt zusammenfügte. Bilder aus dem 19. Jahrhundert vermischen sich mit der Gegenwart, eine Krankenschwester gerät an Mönche, die um Heiligenbilder pokern, bei einer Abendgesellschaft lässt man sich auf Kloschüsseln nieder, ein Tierfreund massakriert harmlose Passanten, ein Polizeipräfekt muss sich als Grabschänder festnehmen lassen. Wie auch in anderen Filmen richtet Buñuel seinen sarkastischen Witz gegen die bürgerliche Welt und ihre zwanghaften Abläufe, die er erschreckend und komisch interpretiert, auf den Kopf stellt und verspottet. Ein fast surrealer Film voller düsterer Symbole und beunruhigender Rätsel.

Cloaca Maxima

Das ist nicht etwa eine Göttin (vielleicht von Cluacina – die Reinigende), sondern das älteste Abwassersystem, das noch heute in Rom erhalten ist. Schon im 6. Jahrhundert v. Chr. kanalisierten die Etrusker das sumpfige Forum Romanum und bauten aus mächtigen Tuffsteinblöcken die cloaca maxima, die später ein Tonnengewölbe erhielt. Die Cloaca Maxima kam wohl vor allem den großen Thermen, öffentlichen Toiletten und besseren Privathäusern zugute. Noch heute fließt ein Teil der Abwässer der Stadt Rom hinein.

Machos und Hembras in Lanzarote

César Manrique (1919–1992) war sicher einer der bedeutendsten Künstler Spaniens, der sich mit seiner landschaftsbezogenen Bebauung für den Erhalt der Schönheit seiner Heimatinsel Lanzarote einsetzte. Seine Bauten spiegeln die Grundidee einer Synthese von Kunst und Natur wider. Ob in den Aussichtspunkten der Insel oder in der Fundación – seinem früheren Haus, das in große Lavablasen gebaut wurde – überall sind neben der Architektur und seinen Kunstobjekten auch die Toiletten von Manrique sehenswert; mit kraftvollen, witzigen Piktogrammen am Eingang und einer Aussicht auf die Inselwelt.
www.fcmanrique.org – Fundación Manrique in Arrecife/Lanzarote

City-Toilette plus Werbung

City-Toiletten sind freistehende abgeschlossene Toilettenhäuschen, die sich nach jeder Benutzung automatisch reinigen. Sie sind für große Städte gedacht und werden diesen kostenlos angeboten. Unternehmen wie Wall in Berlin übernehmen die Produktion, Montage, Wartung und Reinigung und finanzieren sich über die Bereitstellung von Werbeflächen. Zur Anpassung an die vorhandene Stadtarchitektur gibt es den elliptischen Baukörper in verschiedenen Designvarianten, entworfen von Architekten wie Citterio, Ion, Kleihues + Kleihues. Beleuchtete Werbeflächen markieren den WC-Standort. Die Ausstattung ist für Männer, Frauen, Rollstuhlfahrer, Blinde und Personen mit Kinderwagen geeignet.

Milan Kundera – Die unerträgliche Leichtigkeit des Seins (1984)

„In modernen Badezimmern wachsen die Klosettbecken wie die weißen Blüten der Seerosen aus dem Boden. Der Architekt tut alles, um den Körper sein Elend vergessen zu lassen, und man weiß nicht, was mit den Abfällen aus den Eingeweiden geschieht, wenn das Wasser aus dem Reservoir rauschend darüber zusammenschlägt. Obwohl die Röhren der Kanalisation mit ihren Fangarmen bis in unsere Wohnungen reichen, sind sie sorgfältig vor unseren Blicken verborgen, und wir wissen nichts vom unsichtbaren Venedig der Scheiße, über dem unsere Badezimmer, unsere Schlafzimmer, unsere Tanzsäle und unsere Parlamente gebaut sind.
Die Toiletten des alten Wohnblocks in dem Prager Arbeitervorort waren weniger verlogen, der Fußboden war mit grauen Kacheln ausgelegt, über denen sich die Kloschüssel verwaist und erbärmlich erhob. Ihre Form erinnerte nicht an eine Seerose, sondern sah aus wie das, was sie war: ein erweitertes Rohrende. Sogar die Holzbrille fehlte, Teresa musste sich auf das kalte Email setzen, das sie frösteln ließ.“

LED-Sitz

Schon bei der ersten Messevorstellung war der Klodeckel „Galaktika Led" ein absoluter Knüller, der so intensiv leuchtete, daß ein komplettes Badezimmer mit 15 Quadratmetern erhellt werden konnte. Sein Clou liegt in der ausgefeilten Elektronik. Der WC-Sitz ist im Innern mit winzigen, ultrahellen LED-Chips in fünf Farben bestückt; pole-weiß, sundance-gelb, amparo-blau, scarlet-rot, emerald-grün. Die Energieversorgung übernehmen drei AA-1,5-V Batterien, die an der Rückseite des Keramikbeckens oder unter dem Spülkasten angebracht werden. Wird der Deckel angehoben, dimmen die LEDs langsam auf und entfalten nach fünf Minuten ihre volle Leuchtkraft. Wird der Deckel geschlossen, dimmen die Leuchtdioden sachte aus.
www.kiss-textil.de

Sulabh International Museum of Toilets in New Delhi/Indien

Das Museum wurde von dem Arzt Bindeshwar Pathak, dem Gründer einer indischen Nichtregierungsorganisation im Gesundheitswesen, aufgebaut. Es enthält eine seltene Sammlung von Objekten und Bildern aus der Entwicklungsgeschichte der Toiletten von 2500 v. Chr. bis in unsere Zeit. Neben den Objekten informiert es über Technologien, gesellschaftliche Bräuche, sanitäre Bedingungen und gesetzliche Vorschriften. Unter den Exponaten befinden sich Nachtgeschirre, Zimmerklos, Toilettenmöbel, Bidets und Spülklosetts sowie wunderschöne Gedichte zum Thema.
www.sulabhtoiletmuseum.org

Bildschirmwerbung auf Urinalen

Ein aktuelles Beispiel für Bildschirmwerbung auf einem Urinal ist das englische „Viewrinal". In der Form erinnert es an einen Schaltkasten aus weißem Kunststoff mit einer Bildschirmfläche auf Augenhöhe. Der Bildschirm ist mit dem Internet verbunden, kann Werbung, Promotions oder Informationen bringen und Videos mit vollem Surround-Sound. Das wannenförmige Urinal ist im unteren Teil des Kastens. Sensoren registrieren die Anzahl der Besucher und bieten somit ein ideales Feedback für die ausstattenden Werbeunternehmen. Das Produkt ist vor allem für trendige Nightclubs und Bars gedacht, und zwar für die Zielgruppe der 18–35-Jährigen. Erstmals wurde es im „Aquarium Nightclub" in London aufgestellt. Zu den Werbekunden zählen Unternehmen wie Virgin Interactive und 20th Century Fox. Für die Damen gibt es übrigens „Viewloos", die im Vorraum der Damentoiletten angebracht sind, um die Wartezeit zu verschönern.
Design: Captive View/EMJ Plastics

Hotels

Hotel Side
Farb- und Lichttempel

Hamburg, Interieur-Design: Matteo Thun, Mailand, Lichtdesign: Robert Wilson, New York

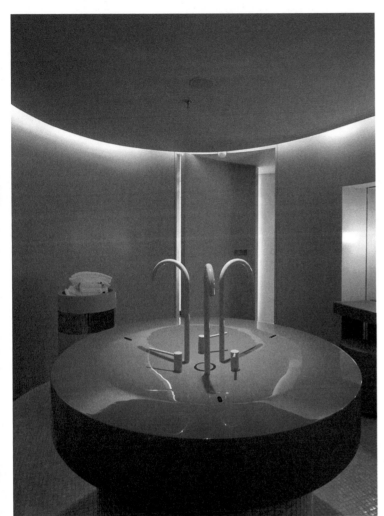

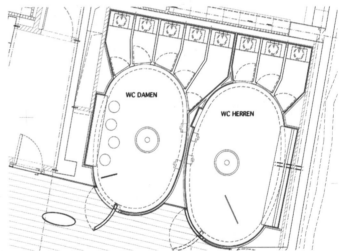

Mitten in Hamburg gelegen, ist das Hotel Side eine Mischung aus minimalistischer Eleganz und Lichtspektakel für den modernen, weltoffenen Gast, der Komfort und eine persönliche Atmosphäre sucht. Ein 24 Meter hohes gläsernes Atrium ist das Herzstück des Hauses, das gestalterisch zwar das Flair der Metropolen hereinholen will, aber ohne den „obsessiven Kitsch" großer Grandhotels. „Less is comfortable" ist das Credo, und das gilt sogar für den öffentlichen Bereich im Souterrain, wo hallengroße Damen- und Herrentoiletten für die Restaurant- und Konzertbesucher bereitstehen. Die Damen entspannen sich hier in einem Meer aus Rosa, die Herren finden Belebung in leuchtendem Blau. Ovale Räume mit einer raffinierten Deckenbeleuchtung verstärken das Gefühl der farblichen Umhüllung. Das ganze Interieur, vom runden Wasserbecken bis zur sprudelnden gläsernen Urinalwand und den Lederhockern vor der großen Spiegelnische, ist in einer Farbe gehalten. Das Spiel für die Sinne wird in diesen Räumen über Materialien, Licht, Wärme, gläserne Transparenz und Düfte angeregt.

Hotel Aleph
Diabolisches Vergnügen

Rom/Italien, Design: Tihany Design, New York, Fliesen: Bisazza, Alte

Mitten im Herzen Roms gelegen, ist das modische und stilvolle Boutique-Hotel Aleph eine provokante Interpretation der *Göttlichen Komödie* von Dante. Der Kontrast von Himmel und Hölle zieht sich als Gestaltungskonzept durchs ganze Haus. Lebensgroße Samurai-Figuren in bemaltem Holz machen bereits am Eingang den ewigen Zwiespalt zwischen Gut und Böse bewusst. Das Paradies findet man überraschenderweise im Keller, im reinen Weiß des Wellness-Bereichs mit Römischem Bad. Endlosen Versuchungen können die Gäste in der „Dionysos"-Bar, im Restaurant „Sünde" und der Bibliothek erliegen, die alle in ein teuflisches Rot getaucht sind. Auch die Toiletten- und Waschräume tragen diese Idee weiter. Innen und außen sind sie mit leuchtend roten Glasmosaikfliesen überzogen und durch schwarze waagerechte Granitstreifen betont. Kontrast dazu ist das kalte Material des Edelstahls für Rahmen, Armaturen und Sanitärgeräte, die hinter matten Glasschiebetüren verschwinden. Gläserne Waschschalen unterstützen den fast mystischen Raumcharakter, der durch das 2 Meter lange gläserne Waschbassin im Vorraum noch verstärkt wird. Wenige Spotlights an der Decke machen aus dem Raum ein pikantes Erlebnis. „Das Hotel ist eben nicht nur ein Platz, wo man sich aufhält, sondern eine Geisteshaltung", sagt Designer Tihany dazu.

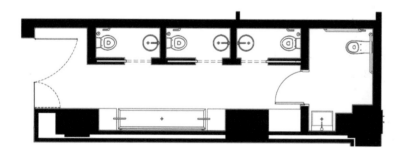

Hotel Una
Ruhepol für Nomaden

Florenz/Italien, Architektur: Fabio Novembre, Mailand

Für den Architekten ist ein Hotel wie ein Baum, dessen weit ausladende Äste über die ganze Welt reichen, dessen Wurzeln aber in der Erde verhaftet sind. Das Hotel Una hat in dieser Hinsicht in Florenz, dem Ort der schönen Künste, einen fruchtbaren Boden gefunden. Hier liegt es im historischen Teil San Frediano unweit des Stadtzentrums und möchte Menschen unterschiedlicher Lebensart einen inspirierenden Haltepunkt und ein Zuhause geben. In der Empfangshalle schwingt sich vom Boden bis zur Decke ein geblümter Teppich aus Glasmosaik. In der Lounge bilden hohe rote Polsterspiralen Gesprächsräume. Die Flure zu den Hotelzimmern sehen aus wie eine Kunstgalerie: Goldgerahmte Türen zeigen Adlige aus dem 18. Jahrhundert – eine Hommage an die Gemäldegalerie, die Uffizien von Florenz. Es ist ein erzählerischer Ort für ein intellektuelles Nomadentum, das sich zwischen zwei Flügen hier niederlässt. Wirklich zur Ruhe kommt der Gast in den Bädern und Waschräumen des Hotels. Es sind weich geformte Räume mit Mosaikfliesen verkleidet, mal in Weiß, mal in Blau getaucht, in die sich Wanne, Waschbecken, Bidet und Toilette organisch einpassen. Ein Ruhepol im Wirbel der Zeit.

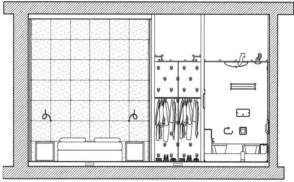

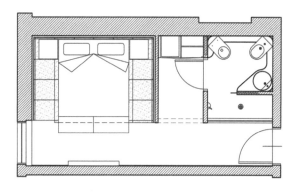

Hotel Corte dei Butteri
Zwillingsräume

Fonteblanda / Italien, Architektur: Studio d'Architettura Simone Micheli, Florenz

Das Hotel Corte dei Butteri an der toskanischen Küste zeigt sich von außen in einem eher klassisch-mediterranen Gewand. Innen jedoch überrascht es durch eine intensive Farbwelt, die sich über Boden, Wände und Decken ergießt. Gelbe, grüne, rote und schwarze Farbflächen überziehen den Raum und lassen seine Grenzen verschwimmen. Große, halbrunde Sofas stehen im Foyer auf blauem Kunstharzboden, die Rezeption ist mit verzinkten Stahlplatten verkleidet, poppige Stühle gruppieren sich um konische Säulenverkleidungen. Für den Gast aber ist es eine Raumerfahrung kultureller und kommunikativer Art,

die die virtuellen Bilder unserer Zeit vereinnahmt hat. Weniger farbig geht es auf den Toiletten zu, die hier „Queen" und „King" heißen und ansonsten Zwillingsräume sind, die sich nur durch ihre Oberflächen unterscheiden. Die Böden sind aus Kunstharz gegossen, bei den Damen mit weißen, bei den Herren mit schwarzen Pigmenten versetzt. Wände und Decken sind changierend gespachtelt. Die WC-Kabinen selbst verbergen sich hinter Spiegelwänden. Das Wasser läuft über ein schmales Rohr von der Decke in große weiße Keramiktröge, auch die übrigen Sanitärgeräte sind in Weiß gehalten.

Larson Kelly Residence
Zimmer mit Aussicht

Tea Gardens/Australien, Architektur: Stephen Varaday, Sydney

Eine Rückzugsmöglichkeit für ein Paar mitten im Grünen, abseits der Hitze und dem Rest der Welt – ein fächerartig gestaffeltes Haus aus flachen Wandscheiben, das zwischen Gummibäume „geschnitten" wurde. Den Himmelsrichtungen angepasst, bietet es nach Norden und Süden Decks mit Aussicht ins freie Land, das von allen Räumen des Hauses aus zu sehen ist. Auch die Bäder und Toiletten haben einen Zugang nach draußen und durch ihre raumhohen Glastüren sieht man in die weite Landschaft. Das ganze Haus ist vom Wechsel der Farben, Materialien und Strukturen geprägt. Polierter Betonboden, glatt verputzte, farbige Wände sind ein idealer Hintergrund für Licht- und Farbspiele. Badmöbel aus Marblo, einem transluzenten Kunststoff, leuchten von innen heraus, indirektes Licht quillt hinter dem Spiegel hervor und verteilt sich von der Lichtdecke in den Raum. Besonders reizvoll ist das Gäste-WC: Dem schmalen Raum entlang zieht sich ein niedriger Schrank keilförmig in den Raum hinein und geht in das zylindrische Waschbecken über – alles aus Marblo. Kleine Downlights stellen Waschbecken und WC dramatisch heraus und kreieren so ein Raumstillleben. Wegen des heißen Klimas Australiens ist das Haus überall mit Wasserstellen bestückt, selbst unter der Treppe, wo das Wasserbecken durch Lichtstreifen zur schillernden Oberfläche wird.

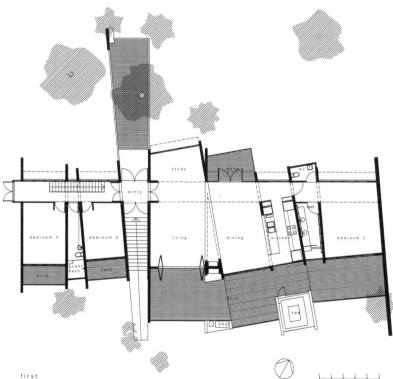

Natur pur im Mittelalter

Wie wenn es die Kultur der wassergespülten Kloanlagen nie zuvor gegeben hätte, stank das Mit-
telalter zum Himmel. Die Notdurft erledigte man in
der Öffentlichkeit, auf dem Land durchaus am Mist-
haufen, in der Senkgrube oder in einem Herzhäuschen, und in der Stadt auf den Straßen und an den
Hauswänden; selbst die privaten Nachtgeschirre
wurden einfach aus dem Fenster geleert. Die Folge
waren Krankheiten und Seuchen, verstärkt durch
eine Tabuisierung der Exkremente und das von der
Kirche erlassene Waschverbot. Selbst in Burgen
gab es allenfalls einfache Abtritte, deren Spuren die
Burgmauern zierten. Die außen angebrachten Abtrit-
terker gab es in vielen Städten noch bis ins 19./20.
Jahrhundert hinein.

15. Jahrhundert, Klohäuschen zwischen den Gebäuden

Bathroom-Mania

Die holländische Illustratorin und Designerin Meike
van Schijndel ist der Meinung, dass es höchste Zeit
wird, den Bad- und Toilettenräumen jenseits ihrer
Funktionalität mehr Fantasie und Persönlichkeit zu
verleihen. Das möchte sie mit Farbe und Spaßpro-
dukten erreichen. „Let your fantasy be inspired, so
you can really relax and drift off in your own dreams.
Being stimulated and being able to relax is essential
in today's hectic world." „Kisses" ist ein Keramikurinal der besonderen Art, das aus einem „normalen
Alltag ein errötendes Erlebnis macht".
www.bathroom-mania.com

Bertolt Brecht – Baal (1918)

„Orge sagte mir:
Der liebste Ort, den er auf Erden hab
Sei nicht die Rasenbank am Elterngrab
Sei nicht ein Beichtstuhl, sei kein Hurenbett,
Und nicht ein Schoß, weich, weiß und warm und fett,
Orge sagte mir:
Der liebst Ort
Auf Erden sei ihm immer der Abort.
Dies sei ein Ort, wo man zufrieden ist
Daß drüber Sterne sind und drunter Mist.
Ein Ort sei einfach wundervoll
Wo man
Selbst in der Hochzeitsnacht allein sein kann.
Ein Ort der Demut, dort erkennst du scharf:
Dass du ein Mensch nur bist,
Der nichts behalten darf.
Ein Ort der Weisheit, wo du deinen Wanst
Für neue Lüste präparieren kannst.
Wo man, indem man leiblich lieblich ruht
Sanft doch mit Nachdruck etwas für sich tut.
Und doch erkennst du dorten, was du bist:
Ein Bursche, der auf dem Aborte – frißt!"

Johann Wolfgang von Goethe – Faust II (1832)

„Uns bleibt ein Erdenrest
Zu tragen peinlich
Und wär er von Asbest
Er ist nicht reinlich. "

Auf Reisen

Sächsische Könige hängten ihrer Kutsche einen Wagen für den königlichen Nachtstuhl an. Die meisten
Kutschen aber waren mit einem dezent verborgenen
Loch ausgestattet, so daß sich während der Fahrt
bequem die Notdurft verrichten ließ. Ansonsten hielt
man an und entließ die Fahrgäste in die freie Natur.
Die ersten Eisenbahnen sahen keine Einrichtungen für die Notdurft vor, in Spanien waren bis ins
20. Jahrhundert hinein Bahnhofsklos nichts anderes
als zwei Bretter an einem freistehenden Mast. Auf
Schiffen ging es meist über die Reling, auf U-Booten
durch die Torpedoschleuse und in den ersten Flug-
zeugen einfach in den Himmel.
*nach Jacob Blume: Von Donnerbalken und innerer
Einkehr. Göttingen 2002*

Marcel Duchamp – „Fontaine"

Die berühmteste Klokunst war sicher das Ready-Made „Fontaine" des französischen Künstlers Marcel Duchamp. Als Protest gegen den hohlen Pathos, die Sinnentleerung und die Erklärung der Kunst zur Handelsware stellte er 1917 ein gewöhnliches weißes Keramikurinal verkehrt herum auf, signierte es mit dem Namen der Sanitärfirma und erklärte es zum Kunstobjekt. Kurz nach der Ausstellung landete es auf dem Müll. Heute steht ein Remake im Museum of Modern Art in San Francisco.

aus Pierre Cabanne, Duchamp & Co., Paris 1997

Klohäuschen in München 1862

„Get Fresh" – Systemlösung

„Get Fresh" heißt ein Baukastensystem von Kuhfuss für eine öffentliche WC-Anlage, gedacht für alle halböffentlichen Unternehmen und öffentlichen Institutionen, aber auch für Hotelketten, Messegesellschaften und Kongressbetreiber, Kaufhäuser und Sportstätten, überall dort, wo Hygiene, Erfrischung und Wohlbefinden zum Kundenservice gehört. Alle Sanitärgeräte sind anschlussfertig auf Wandelementen vormontiert und können sich somit unterschiedlichen Raumsituationen anpassen. Das System umfasst mehrere Module wie WC-Kabine mit Bullaugen-Fenster, Waschplatz mit Spiegel, Urinale, Handtuchspender und eine Brunnensäule, die die Idee der Frische ins „stille Örtchen" holen soll. Alle Elemente sind austauschbar und mit verschiedenen Oberflächen und Materialien zu haben. Vorschläge für Bodenbeläge, Wände, Decken, Licht und Wassersteuerung sind im Angebot enthalten.
Design: Sieger Design, Sassenberg

Öffentliche Toiletten im 19. Jahrhundert

„Noch Mitte des 19. Jahrhunderts befand sich im Berliner Schauspielhaus ein Raum zum Urinieren für die Männer. Jeder, der hier seiner Notdurft nachging, hatte an der Wand einen eigenen pot de chambre, den er, nachdem er ihn gefüllt hatte, eigenhändig in den in der Mitte stehenden großen Gemeinschaftsbottich zu entleeren hatte."
August Bebel: Aus meinem Leben. Bonn 1997

In die Brille geschaut

Das Themen- und Erlebnisrestaurant „Planet Hollywood" in Berlin überraschte seine Gäste in den Waschräumen mit riesengroßen Brillen statt herkömmlicher Spiegel. Des Schrägen nicht genug – auch die Wände waren ganz schräg mit schwarzen Fliesen bekleidet.

Nachttopf- und Bourdalou-Museum in München

Im Münchner Zentrum für außergwöhnliche Museen gibt es zwei auf der Welt einmalige Museen: das Nachttopfmuseum und das Bourdalou-Museum.
www.zam-museum.de

„McDry" – das wasserlose Urinal

In der Form einem Wassertropfen nachempfunden, funktioniert dieses Urinal aus Sanitärkeramik ohne Wasser. Der Siphon, auch aus Keramik, wird mit einer nicht wasserlöslichen Sperrflüssigkeit gefüllt und wirkt als Filter für den Urin, der direkt ins Kanalsystem abfließt. Die Flüssigkeit ist biologisch abbaubar. Die Reinigung des Urinalbeckens erfolgt mit einem Spezialreiniger und gelegentlich Wasser. Anschaffungs-, Installations- und Betriebskosten liegen offenbar deutlich unter denjenigen herkömmlicher Urinale.
Design: Duravit, Hornberg

„Taxi zum Klo", ein Film von Frank Ripploh (1980)

Die Verleihfirma warb zum Start des Films: „Taxi zum Klo macht Lust, ein Mann zu sein." Der mit nur 100 000 DM ohne jede Fördermittel gedrehte Film von Frank Ripploh avancierte in der schwulen Szene zu einem Kultfilm und spielte allein in New York eine Million Dollar ein. Das Festival Saarbücken erkannte ihm 1981 den begehrten Max-Ophüls-Preis zu. Der Film, so behauptet Ripploh, sei gar kein Schwulenfilm. „Es ist ein trauriger Film, der die Sehnsucht nach einer Beziehung und ihrer Unmöglichkeit zum Ausdruck bringt, bei allem Witz." 1980 gedreht, im Zeitalter vor Aids, war er ein befreiendes, ehrliches Credo zum eigenen Schwulsein und ist heute eine Erinnerung an andere Zeiten.
nach Jacob Blume: Von Donnerbalken und innerer Einkehr. Göttingen 2002

Showrooms, Verwaltungsbauten

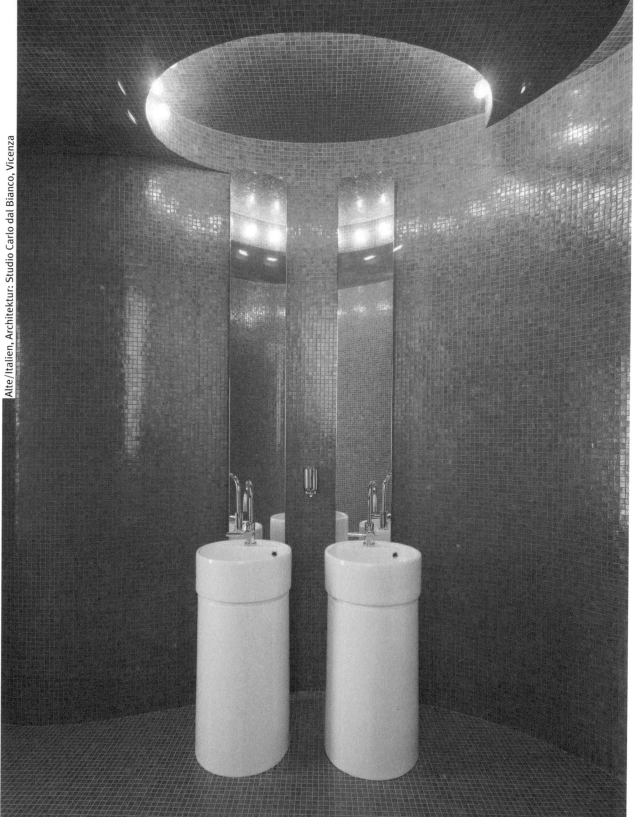

Bisazza in Alte
Rosenräume

Alte/Italien, Architektur: Studio Carlo dal Bianco, Vicenza

Für die Gestaltung des Showrooms am Hauptsitz des Mosaikherstellers Bisazza in Alte nutzte der Architekt das Mittel der Perspektive, um über die Raumidee die Besucher für neue Möglichkeiten zu sensibilisieren, die mit dem Material von Bisazza erreicht werden können. Umgesetzt wurde dies hier eher poetisch mit Rosen im viktorianischen Stil am Eingang und einer Rezeption, die an Gartengewölbe erinnert. Auch die Wasch- und Toilettenräume sind weitläufige, im Grundriss organisch geformte Räume, wie Rosenblätter oder Gartenwege, die in-einander übergehen. Wände, Decken, Böden – alles in rosafarbenem Glasmosaik, vor dem die weißen zylindrischen Waschbecken wie Kunstobjekte aussehen. Die Glasoberfläche des Materials betont die Lichteffekte, spielt mit dem informellen Licht der Glühbirnen an der Deckenspirale und lässt die Raumgrenzen verschwinden. Aus dem weitläufigen Vorraum wird der Besucher wie selbstverständlich in zwei große Toilettenräume in Blau und Grün geführt, wo die gebogenen Wände ein fast übernatürliches Ambiente schaffen.

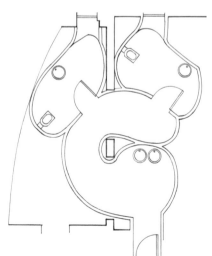

Baccarat Kristallmanufaktur
Spiegelkabinett

Paris/Frankreich, Design: Philippe Starck, Paris

Der Schauplatz ist ein ehemaliges Stadtpalais der Künstlerin und Mäzenin Vicomtesse de Nailles, die ab 1920 Maler, Poeten und Komponisten wie Weill, Dalí und Buñuel betreute. Hier hat sich – unweit des Arc de Triomphe – die französische Kristallmanufaktur Baccarat einen magischen Kristallpalast geschaffen, mit Boutique, Museumsgalerie, Empfangssaal und Restaurant. „Das Wechselspiel von Licht und Kristall führt zu poetischen Spielen (...), einer Welt der Illusion und der Magie", sagt Starck. Am Eingang flackert ewiges Feuer virtuell in verspiegelten Kristallkaminen, ein pompöser Kronleuchter versinkt in einem Aquarium, und ein 2,5 Meter hoher Stuhl mit verspiegelten Beinen erinnert an die Welt von Alice im Wunderland. Im ehemaligen Speisezimmer der Vicomtesse befindet sich heute das Restaurant, der Crystal Room. Hier gibt es neben Starcks Fantasiemöbeln hohe Decken, Fresken und Kronleuchter, Kamine und wertvolle Holzarbeiten. Blankes Mauerwerk kontrastiert mit goldenem Stuckwerk. Die Toiletten des Restaurants gleichen gar einem Spiegelkabinett. Selbst hier beleuchten kristallene Kronleuchter raumhohe Spiegelwände mit orange-roten Glasflächen. Verchromte Wasserschalen auf Glaswaschtischen nehmen das Wasser auf, das wie von Geisterhand aus dem Rohr fließt.

Bisazza in Berlin
Schein und Wirklichkeit

Berlin/Deutschland, Architektur: Fabio Novembre, Mailand

Der Berliner Showroom zeigt die vielfältigen Einsatzmöglichkeiten der Bisazza-Produkte und ist zugleich Schauplatz kultureller Events in den Bereichen Kunst, Architektur und Design. Der Architekt hat sich hier für Berlin von Samuel Becketts *Warten auf Godot* inspirieren lassen. Zwei eindrucksvolle Augen im Schaufenster führen zu einer großen antiken Maske im Raum – innen aus Goldmosaik, außen in Stahl –, die das ewige Zusammenspiel von Schein und Wirklichkeit, von Theater und Leben, von Materie und Geist widerspiegelt. Es besteht die Möglichkeit, vom Innern der Maske aus die Welt neu zu sehen. In Mosaikform zieren die letzten Sätze des Theaterstückes die Treppen, die zur Lounge im Keller führen. Sinnbild des ewigen Wartens, auch Abbild und Metapher für Berlin. Die Toilettenräume werden nicht wie im Showroom von mythischen Elementen, sondern vom Element Wasser geprägt. Wie Ringe um einen auftreffenden Wassertropfen kreisen hier herbstfarbene Mosaikstreifen um Waschbecken und Toiletten, über die Wände, und sorgen so für ein ständiges Fließen, Bewegen und Drehen – ein Sinnbild für Veränderung.

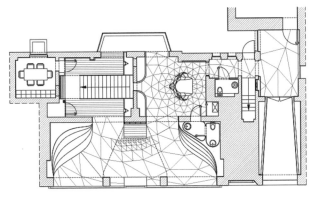

Nissan Headquarters
Weiße Eleganz

Tokio/Japan, Design: Fumita Design Office, Tokio

Ganz dem neuen Anspruch von Nissan folgend, sollte der Showroom Offenheit und Klarheit, vor allem aber auch das Profil zeigen, das zunehmend die neue Produktpolitik bestimmt: Eigenständige Fahrzeugtypen, die das Image der Marke stärken. In dem Sinne wurden denn auch die Toilettenräume des Showrooms auf das neue Image hin ausgerichtet, was die Besucher beeindrucken und ihnen das Gefühl geben dürfte, dass diese Bereiche dem Unternehmen ebenso wichtig sind wie die Fahrzeugwelt. So erstrahlen die Toilettenräume hell und weit und sind fast schöner als der Showroom selbst. In allen Räumen wurden die gleichen Materialien verwendet: künstlicher weißer Marmor, große Spiegel, viel indirektes Licht und hinterleuchtete Glasflächen. Auffallend sind die ungewöhnlichen, formschönen Waschbecken in Acryl, die sich mehr an die Aerodynamik von Fahrzeugen denn an Waschbeckenformen anlehnen. Feiner Dekor an den Spiegelwänden durch geätzte Streifen, die im trapezförmigen Urinalbereich hinterleuchtet werden. Die Philippe-Starck-Edelstahlurinale unterstützen dieses Ambiente auf markante Weise.

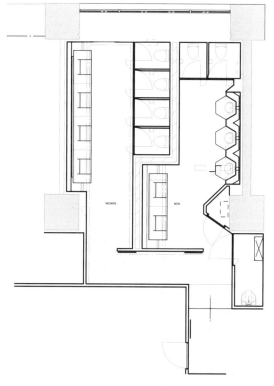

Levi Strauss
Unternehmenskultur

Heusenstamm/Deutschland, Design: VCO – Vierkötter & Co, Langenfeld

Wenn sich ein Jeans-Unternehmen wie Levi Strauss ein neues Distributionszentrum in Deutschland bauen lässt, wollen Marken-Werte wie Tradition und Moderne, Zuverlässigkeit und Lässigkeit auch baulich sichtbar gemacht werden. Die Architekten übersetzten sie in einen funktionalen Bau, der unter Einbezug der Firmenfarbe Klarheit und Offenheit ausstrahlt. Selbst der großzügig angelegte WC-Bereich, der von Mitarbeitern und Besuchern gleichermaßen benutzt wird, wurde unter diesen Corporate-Identity-Aspekten geplant. Das Zentrum bildet ein rund angelegter Urinalbereich, der sich sowohl innen als auch außen mit seinen blau gespachtelten Wänden an die Grundfarbe der Jeans anlehnt. Granitablagen und Edelstahl für Waschbecken und Rückwände im Urinalbereich unterstreichen die Funktionalität und Klarheit eines modernen Unternehmens. Durch die subtile Lichtgestaltung erhält der Urinalbereich eine fast private Atmosphäre. Es ist überraschend, in welcher Form der Unternehmensanspruch sogar auf der Toilette sichtbar werden kann.

Umdasch Shop-Concept
Profilierungsort

Amstetten/Österreich, Design: Erich Sammer, Wien

Umdasch Shop-Concept zählt zu den größten Ladenbau-Unternehmen Europas. Sein Leistungsspektrum reicht von der Strategie- und Konzeptberatung über die Entwicklung eines eigenständigen Handelsdesigns, dem Projekt-Engineering, bis hin zur schlüsselfertigen Umsetzung vor Ort. In seinem Verwaltungsgebäude in Amstetten sollten auch die Toilettenanlagen dem hohen Anspruch des Hauses genügen und die Corporate-Identity-Farben Rot und Hellgrau einbeziehen. In einer Art ironischen Brechung des Anspruchs nach Repräsentation wurden in den Waschräumen an zwei gegenüberliegenden Wänden raumhohe Spiegel angebracht, um die Eitelkeit ins Unendliche zu steigern. Edelstahl, Glas und rotes Plexiglas übersetzen markant die CI-Farben des Unternehmens. Eine besondere Art der Unternehmensidentität aber wurde im Urinalbereich umgesetzt. Verschiedene Kopfhaltungen im Profil sind auf den seitlichen Trennwänden abgebildet – unter physiologischer Berücksichtigung der damaligen Vorstandsmitglieder. Auch das „stille Örtchen" kann offenbar ein Profilierungsort sein.

Showrooms, Verwaltungsbauten

108

Die Presse sprach von Glaszeppelin oder einem außerirdischen Raumschiff, als die Architekten dem englischen Telekommunikationsunternehmen direkt am Hillmead-See ein neues Firmengebäude bauten, das mit seiner gewölbten Glasarchitektur und offenem Grundriss für viel Aufsehen sorgte. In der Annahme, dass ein außergewöhnliches Gebäude den Erfolg eines Unternehmens beeinflussen kann, sollte in einer schnell wachsenden Industrie die überwiegend junge Belegschaft ein Bürogebäude erhalten, in dem die Arbeit Freude macht und zur Kommunikation anregt gemäß der Devise: „Wenn sich das Personal wohl fühlt, ist es auch freundlich zu den Kunden." Es gibt Treppen, die an ein Saurierskelett erinnern, Teewagen mit einem wirklichen Teediener, die gebogene Empfangstheke ist zugleich Saft- und Cappucino-Bar, und jede der Toilettenanlagen ist anders gestaltet. Da gibt es das Edelstahl-WC mit durchsichtigem Plexiglasdeckel und eingelegten Handys in der Klobrille, die Herrentoiletten sind mit wellenartigen Waschbecken versehen und die Urinale wurden vor großen Spiegelwänden installiert. In einem anderen Waschraum, dem „Swimmingpool", sind die Wände und alle Einbauten gebogen und mit Kleinmosaik verfliest, eine vierte Version überrascht gar mit grünblauen Glaswänden, Glaswaschbecken und unterleuchteten WC-Sitzen.

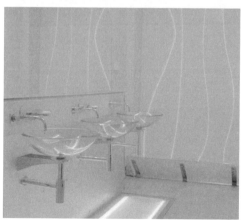

In der „Kaiserin" im „Tarot-Garten"

Angeregt durch Gaudís Parc Güell schuf die französische Künstlerin Niki de Saint Phalle (1930–2002), die mit ihren „Nanas" weltberühmt wurde, zusammen mit ihrem Mann Jean Tinguely in 15 Jahren ihr Lebenswerk, den „Giardino dei Tarocchi". Es ist ein zauberhafter Garten mit riesigen bunten Skulpturen inmitten von Olivenbäumen und Korkeichen, in dem 22 Hauptkarten des Tarots in Skulpturen übersetzt wurden. „Eine kleine Paradiesecke wollte ich schaffen, eine Begegnung zwischen Mensch und Natur." In der Spielkarte der Kaiserin richtete ich meine Wohnung ein. Ich lebte und schlief im Inneren der Mutter." In der „Kaiserin" befindet sich auch der weiße Toilettenraum mit Spiegeleffekten.
www.nikidesaintphalle.com. Il Giardino dei Tarocchi, Capalbio/Italien

„Lady P" – Damenurinal von Sphinx

„Lady P" sieht aus und funktioniert auch wie ein Männerurinal, nur ist es kleiner und kompakter. In der Form ist es speziell auf die Anatomie der Frauen zugeschnitten, die über dem Urinal eine Art „Skihaltung" einnehmen. Damit wird dem Wunsch der Frauen entgegengekommen, sich nicht auf ein öffentliches Klo setzen zu müssen. „Lady P" ist nicht nur ein Urinal, sondern ein Konzept, das unter Berücksichtigung frauenspezifischer Elemente eine gewisse Privatheit gewährleisten möchte: das Urinal, eine halbtransparente Trennwand aus Glas und ein multifunktionales Containerelement, in dem Platz für einen Hygienebehälter, aber auch eine Ablage für Handtaschen ist sowie ein Kleiderhaken.
Design: Marian Loth, Maastricht

WC in der „Kaiserin" im „Tarot-Garten"

„25 Stunden", ein Film von Spike Lee (2002) – Ground Zero als Metapher

Auf dem Klo, vor dem Spiegel, bricht es aus ihm heraus: „Fuck you." Immer wieder wird er den Fluch wiederholen, das F-Wort ausspucken. Und alle kriegen ihr Fett ab: Weiße, Schwarze, Juden, Moslems, Schwule und selbst Taxifahrer: „Fuck this whole city." Ein Wutausbruch, eine Liebeserklärung – alles zugleich. Denn Monty (Edward Norton) hat nur noch 24 Stunden, bevor er, der Dealer, in den Knast wandert, und alles, was er verflucht, wird ihm verdammt fehlen. Mit seinem Fluch auf dem Klo scheint er die ganze Welt umarmen zu wollen. Am intensivsten aber symbolisiert Ground Zero, wo die Twin Towers in New York einstürzten, seine Situation – als Metapher für den Trümmerhaufen seines eigenen Lebens, als Symbol für Leere und Angst, auch die der ganzen Nation.

Unisex-Toiletten bei „Ally McBeal"

(1990er Jahre)

In den 90er Jahren entstand die kult-chaotische amerikanische Anwaltsserie „Ally McBeal" (Calista Flockhart). Hier spielen die Unisex-Toiletten eine besondere Rolle. So verbringt John (Peter MacNicol) 80 Prozent seines Arbeitsalltags vor dem Spiegel der Unisex-Toilette, um dort ungestört mit seinem Idol Barry White zu tanzen und zu singen. Partner Richard meint dazu: „Unisex-Toiletten erzeugen so eine Vertrautheit zwischen männlichen und weiblichen Angestellten. Das heißt ja nicht, daß man dort hingeht, um zu zeugen." Allys Vorstellungen nehmen da schon mal aggressivere Formen an, wie die von feuerspuckenden Kolleginnen, von Dartpfeilen durchbohrten Liebhabern oder von einer zutiefst gedemütigten Ally, die sich mal wieder aus dem 20. Stockwerk stürzt, falls das eine pikante Situation eben verlangt. Entnervt schlussfolgert sie: „Ich bin normal. Mein Leben nicht!"

Klopapier

Offenbar wurde früher zur Reinigung benutzt, was die Natur lieferte. Die Eskimos verwendeten im Sommer Tundramoos, im Winter einfach Schnee, die Menschen am Meer schabten mit Muschel- oder Kokosnussschalen. Die Chinesen hatten dafür schon im 6. Jahrhundert Papier, die Orientalen bevorzugten Wasser, die Germanen nur Stroh und Laub. Die Amerikaner benutzten auch Maiskolbenblätter oder Leinenstoff. Im alten Rom gab es einen Schwamm an der Stange, der in Salzwasser getaucht wurde. Vielleicht sollten wir den Spruch „das falsche Ende des Stockes erwischt haben" in diesem Zusammenhang etwas ernster nehmen. In Schlössern und Bürgerhäusern bezeugen Funde in Kloaken die Verwendung von Werg, Schafwolle, Hanf und vielfach auch Stofflappen. Das Toilettenpapier wurde im 17. Jahrhundert eingeführt. Nach dem Sturm auf die Bastille flatterte die gedruckte öffentliche Meinung aufs Klo. 1857 entwickelte Joseph Cayetty das Klopapier in den USA, das bereits geruchabsorbierend und parfümiert war. 1928 brachte der schwäbische Bankkaufmann Hans Klenk, Gründer der Firma Hakle, die erste 1000-Blatt-Rolle aus rauem Krepppapier auf den Markt. Weiches Tissuepapier gab es aber erst in den 50er Jahren. Bis in die 1970er Jahre zerschnitt man Zeitungen in kleine Blätter und hing sie mit einem Bindfaden an einem Nagel auf. In einigen Ländern war es Usus, die rechte Hand zum Essen zu benutzen und die linke für sanitäre Zwecke. Vielleicht kommt daher der Brauch, sich bei der Begrüßung nur die rechte Hand zu schütteln.

Klopapier und Papierkästchen Mitte des 19. Jahrhunderts

Toiletten-Museum in Seoul/Südkorea

Ein weiteres Toiletten-Museum gibt es in Ilsan, außerhalb von Seoul/Südkorea. Die Goyang Exhibition Hall for Sanitation erklärt die Entwicklungsgeschichte der Toiletten von den steinernen Einrichtungen der Römer über das Nachtgeschirr des Mittelalters bis hin zu Japans High-Tech-Toiletten der Gegenwart. Das Museum macht deutlich, wie stark die Geschichte in Südkorea ihre traditionellen Toiletten und die arme bäuerliche Gesellschaft widerspiegeln, die überwiegend Außentoiletten hatte. Zahlreiche Objekte, Berichte älterer Bewohner, Bilder und Filme vermitteln ein anschauliches Bild und zeugen zugleich von den Göttern und Geistern, die mit diesem Bereich eng verbunden waren.
www.ananova.com

Geld stinkt nicht

„Pecunia non olet – Geld stinkt nicht", hatte Kaiser Vespasian (69–79 n. Chr.) seinem Sohn Titus und seinen Beratern verkündet, als diese ihm die Besteuerung der öffentlichen Latrinen und Urinale ausreden wollten. Außerdem wurde der Urin in großen Behältern gesammelt und an die Tuchfärber verkauft. Vespasian wusste nur zu gut, daß der Drang der Bevölkerung zwangsläufig das Staatssäckel füllen würde, was dringend nötig war, da ihm das Geld für den Weiterbau des Kolosseums ausgegangen war.

Klowerbung

Während 30–48 Sekunden ungeteilte Aufmerksamkeit zu bekommen, ohne dass einer wegschaut oder umblättert, davon können Werbeleute nur träumen. Auf dem Klo ist das möglich. In Amerika und England ist Klowerbung längst selbstverständlich, in Deutschland noch selten. Auf Augenhöhe angebracht, vor dem WC oder über dem Urinal, bekommt der Klogast ein Gegenüber, das er ungestört und in entspannter Atmosphäre betrachten kann. Die Zielgruppen werden getrennt erreicht; bei den Herren geht es mehr um Technik, bei den Damen um Lifestyle.

Farbig ausgemalte Toilette ist „Sixtinische Kapelle"

„Sixtinische Kapelle" von Dürrenmatt

Friedrich Dürrenmatt (1921–1990) war ein Schweizer Dramatiker, Schriftsteller und Maler. „Dürrenmatt liebte es, die Räume, in denen er über kürzere oder längere Zeit lebte, auszumalen. Erstmals geschah dies in seiner Studentenmansarde in Bern, deren Wände mit großformatigen und farbigen Bildern mit mythologischen, religiösen, zeitgeschichtlichen und biographischen Motiven bemalt wurden. Auch seinem Wohnhaus in Neuenburg gab Dürrenmatt ein Gepräge, indem er eine Toilette mit farbenfrohen Fratzen ausmalte. Der Raum wurde von Dürrenmatt und seiner Familie als ‚Sixtinische Kapelle' bezeichnet. Dieses spielerische ‚Fresko' ist heute Bestandteil der Ausstellungsräume des Centre Dürrenmatt."
www.cdn.ch. Centre Dürrenmatt in Neuchâtel/ Schweiz

„Aquarius"-Waschtisch aus dem Xinox-Programm

„Aquarius" ist ein freistehender Waschtisch aus Edelstahl mit der beleuchteten Spiegelanlage „Atlas", Glasablage und integriertem Handtuchbehälter, der speziell für Arztpraxen, Büros und den halböffentlichen Bereich entwickelt wurde. Er ist Teil des Sanitärprogramms Xinox von Franke, das von WCs über Waschtische, Urinalwände, Spiegel, Ablagen und Kleiderhaken insgesamt 58 Produkte umfasst.
Design: Berger + Stahl, Basel

Erlebniswelten

Swarovski
Feurige Kristallwelten

Wattens/Österreich, Inszenierung: André Heller, Wien, Design: Mathis Barz, Wien

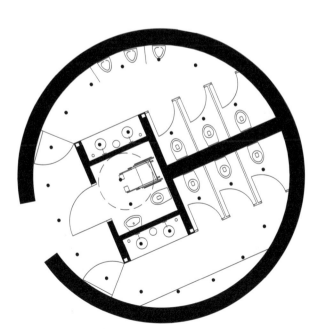

Zur Hundertjahrfeier der Unternehmensgruppe ließ sich der Hersteller für Kristallschmucksteine Swarovski vom Multimediakünstler André Heller die Zukunft wie im Märchen inszenieren. So entstanden im Gründungsort Wattens, in der Nähe von Innsbruck, die Kristallwelten. Ein begrünter, wasserspeiender Riese bewacht die mit Kristallen ausgekleideten unterirdischen Wunderkammern und Erlebniswelten, die durch Kunstwerke, 3-D-Projektionen und Videoinstallationen eine neue, geheimnisvolle Dimension erhalten. Eine Galerie, Cafés, der Kristallwelten-Shop, Konzert- und Veranstaltungsbereiche bieten auch anderen Unternehmen Möglichkeiten für Events. Ständig im Wandel begriffen, versteht sich Swarovski-Kristallwelten als ein „Märchen in Fortsetzungen", in dem auch die Toiletten eine besondere Bedeutung einnehmen. Ein großzügiger Vorraum im legendären Ives-Klein-Blau öffnet sich zur Rotunde mit den WC-Anlagen. Die Damentoiletten sind in feurigem Rot gehalten, bei den Herren trifft man auf ein träumerisches Blau aus Glasmosaik. Im Zentrum gibt es eine Blackbox mit Nussbaumfurnier, welche die Waschtische und die Behindertentoilette umfasst. Alle Sanitärgeräte sind aus Edelstahl und funkeln mit den Lichtpunkten in der Decke um die Wette. Der Boden ist gar aus schuppenförmigen Messingplättchen – märchenhaft eben.

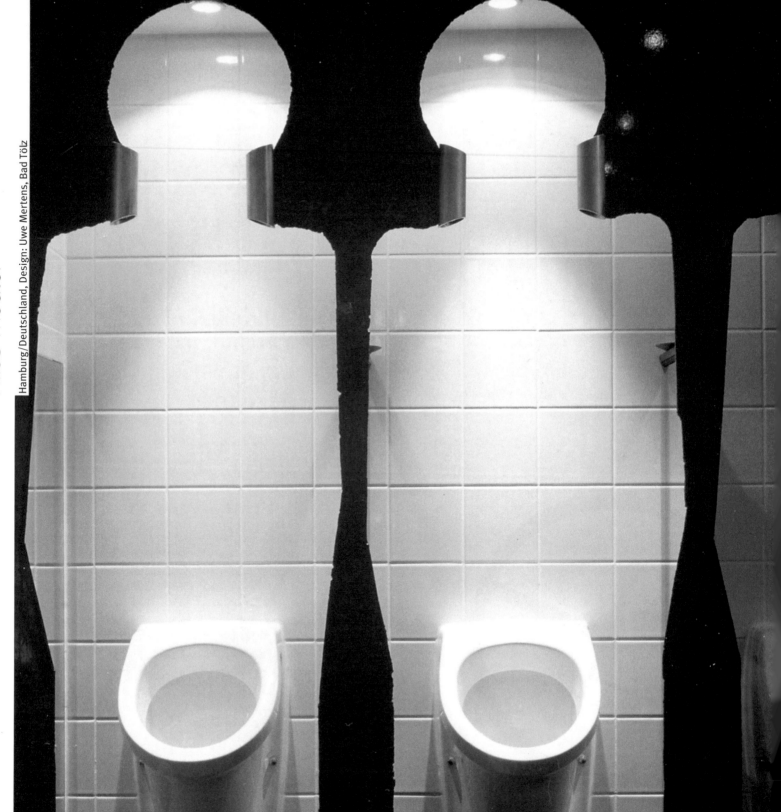

Buddy Holly
Alles Theater

Hamburg/Deutschland, Design: Uwe Mertens, Bad Tölz

Jahrelang war „Buddy – das Musical"
ein großer Erfolg. Mit dem Musical wurden nicht nur
die 50er Jahre lebendig, sondern auch die Musik
dieser Zeit; „Rock'n Roll will never die". Nicht unbe-
dingt die Atmosphäre der 50er Jahre, aber der Esprit
eines Musicaltheaters, die Show und die Lebendig-
keit, sollte im ganzen Haus zu spüren sein. Und so
übertrug der Designer das Thema Theater auch auf
die Toilettenbereiche. Vor die Urinalwand in den
Herrentoiletten wurden kulissenartige Theaterele-
mente gesetzt, die im Ausschnitt stilisiert die Form
eines Mannes nachzeichnen. Der WC-Raum selbst ist
dunkel und wird, wie auf der Bühne, mit Licht und
Schatten in Szene gesetzt. Erst beim Betreten des
Urinalbereichs schaltet sich das Licht an. Spiegel-
verkleidete Metallwände trennen die Urinale voneinander ab. Den Damen werden Toilettenräume aus
Wellblech mit seitlichen Armlehnen aus Massivholz
geboten, um Berührungen möglichst zu vermeiden.
Die Inszenierung beschränkt sich hier auf die Glastüren, die nur scheinbar durchsichtig sind.

Stop Line
Luxuriöse Vergnügungswelt

Curno/Italien, Architektur: Archea, Studio d' Architettura, Florenz

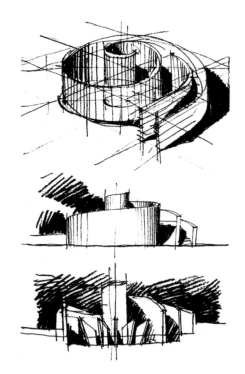

In einem ehemaligen Industriegebäude wurde auf 5400 Quadratmetern ein Vergnügungszentrum mit Theater, Eislaufbahn, Diskothek, Spielsalon, Cafés und Restaurants geschaffen. Angelehnt an die Komplexität einer Stadtstruktur, können die Besucher hier flanieren und dabei immer wieder Neues entdecken und erleben. Ein ständiger Wechsel von Zuschauen und Mitmachen, eingefangen in eine Welt, die auch gestalterisch einiges zu bieten hat: Treppen, Laufstege, gläserne Böden und eine perforierte Stahlfassade, die bei Dunkelheit zum Lichtobjekt wird, das sich in den Wasserbecken spie-

gelt. Im Theaterraum finden die Besucher links und rechts der Bühne zwei schneckenförmige Bars, die zugleich als Treppen dienen und zu den tiefer gelegenen Toiletten führen. Auch hier bietet sich ein edles Ambiente. Waschtische aus grauem Marmor und umlaufende Wandprofile aus Edelstahl setzen sich in einem gerundeten Raum fort, der mit hinterleuchteten Urinalglaswänden untergliedert ist. Direkt neben der Diskothek sind die Toilettenräume gar aus rotem Marmor mit einer breiten hinterleuchteten Urinalglaswand, über die ständig Wasser rieselt. Luxuriöse Vergnügungswelt – auch auf den Toiletten.

Eine alte Industriehalle aus der Gründerzeit mit traditioneller Backsteinarchitektur wurde wieder zum Leben erweckt und mit neuen Elementen und Inhalten gefüllt. Ein flexibles Einrichtungssystem und modernste Technik bieten Raum für Veranstaltungen unterschiedlichster Art, vom Konzert bis zur Fernsehshow, von Firmenevents bis zu festlichen Bällen. Fünf voll ausgestattete Theken und eine 220 Quadratmeter große Küche können bis zu 4000 Personen versorgen. Auch die Toilettenräume sind dementsprechend großzügig angelegt und tragen im Design den sehr unterschiedlichen Veranstaltungen Rechnung. Schwarz-weiße Fliesen an den Wänden wirken vor allem im Vorraum der Toilettenbereiche geradezu wohnlich, ansonsten sind sie eher funktional ausgerichtet: Urinalwände aus Edelstahl, Mattglastüren für die WC-Kabinen, weiße Sanitärkeramik. Der große Vorraum hingegen ist mit regalartigen Holzablagen in Eiche geschmückt, über denen große Spiegel für den letzten prüfenden Blick angebracht sind. Abfallbehälter und Handtuchspender sind in einer raumhohen Säule vereint. Im Zentrum wird der kreisrunde weiße Waschbrunnen zum Gesprächstreffpunkt, was den Raum bei Damen und Herren zum beliebten Gesellschaftsraum macht.

Das japanische Klo – zwischen Natur und High-Tech

Wie in anderen asiatischen Ländern auch hatten die Japaner, vor allem auf dem Lande, eine Außentoilette, die der Amerikaner Edward Morse (vgl. „Mach Gold draus" von Sim v. d. Ryn, Freier Vlg.) im 19. Jahrhundert so beschrieb: „Auf dem Lande ist der Abort gewöhnlich eine kleine schachtelförmige Angelegenheit in einiger Entfernung vom Haus, deren Eingang zur Hälfte von einer Schwingtür verschlossen ist. Im Stadthaus der besseren Leute befindet er sich an einer Ecke des Hauses, für gewöhnlich am Ende der Veranda (...) und besteht im Allgemeinen aus zwei Abteilen, von denen das erste ein hölzernes oder Porzellan-Pissoir enthält, es heißt „asagowa" (Morgengesicht), das der Blüte jener Pflanze ähneln soll. Die hölzernen sind mit Fichtenzweigen gefüllt, die regelmäßig erneuert werden (...). Strohsandalen oder Holzpantoffeln liegen extra für diesen Ort bereit." Die Toilette war meist ein Hock-Klo, ein länglich-ovales Porzellanbecken, das in den Boden eingelassen war oder auf einem Podest stand. Viele öffentliche Toiletten sehen noch heute so aus. Das heutige Klobecken endet vorn in einer Art Hut. Der Benutzer hockt sich über dieses Becken. Für Nichtasiaten ist diese Haltung nicht bequem, aber sehr hygienisch, weil man mit dem Körper nichts berührt. Für die Japaner spielen Sauberkeit und Hygiene eine sehr große Rolle und auch die religiöse Tradition der Shintos betont eine physische und spirituelle Sauberkeit. Japanische Soziologen meinen, die Toilette stehe symbolisch für den Platz, an dem Unreinheiten im Leben beseitigt werden können. Andere betonen, dass in einem überbevölkerten Land wie Japan die Toilette vielleicht der einzige Ort ist, wo man für einige Minuten Ruhe hat – ähnlich wie der Amerikaner in seinem Auto.

Altes japanisches Hockklo

Japanische High-Tech-Toiletten heute

Der Kontrast könnte nicht größer sein. Der Kultur der alten Außentoiletten in der freien Natur stehen heute raffinierte High-Tech-Toiletten gegenüber, die in der ganzen Welt für Gesprächsstoff sorgen. Links und rechts des Toilettensitzes befinden sich Kontrollfelder mit Knöpfen und Anzeigetafeln und der Benutzer kann die Toilette auf seine ganz persönlichen Bedürfnisse einstellen. Auf Knopfdruck wird sogar der Sitz vorgewärmt, Papier wird nicht benötigt. Nach dem großen Geschäft wird das Gesäß punktgenau und ausgiebig mit einem warmen Wasserstrahl gereinigt und mit einem Luftstrom getrocknet. Eine Sensorik sorgt fürs Wegspülen. Fürs Ohr gibt es angenehm rauschende Wildbäche oder Vogelgezwitscher, um die eigenen Laute zu maskieren. Weitere Ergänzungen sind automatische Raumdeodorierer, Toilettendeckel, die sich allein hochklappen und ein höhenverstellbarer Sitz, der für ältere Menschen auch Schräglage einnehmen kann, um den Abstieg zu erleichtern. In Zukunft soll das stille Örtchen sogar an das Internet angeschlossen werden – dann misst das Klo mal eben Gewicht, Blutdruck, Herzschlag, Blutzucker- und Eiweißspiegel und schickt die Daten via Internet direkt zum Hausarzt. Und wer glaubt, dass Damenurinale nun wirklich eine europäische Erfindung der 1990er Jahre seien, der irrt. Toto hat schon zwischen 1951 und 1968 Damenurinale angeboten und einige hundert davon produziert. Aber „Women just didn't like to use them", sagte der Planungschef bei Toto.

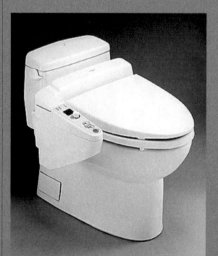

Toilette mit High-Tech-WC-Sitz

Tanizaki Jun'ichiro aus Lob des Schattens (1933)

Tanizaki Jun'ichiro gehört zu den großen japanischen Autoren des 20. Jahrhunderts. In seinem Essay *Lob des Schattens* hat er die japanische Ästhetik in der Auseinandersetzung mit dem Vordringen westlicher Zivilisation beschrieben.

„Jedes Mal, wenn ich in Kyoto oder Nara einen Tempel besuche und dort zu einem althergebrachten dämmrigen, tadellos sauberen Abort gewiesen werde, kommen mir die Vorzüge der japanischen Architektur so richtig zum Bewusstsein. Ein Teeraum ist gewiss ein sehr ansprechender Ort, aber noch mehr ist der Abort japanischen Stils so konzipiert, daß der Geist im wahrsten Sinn Ruhe findet. Solche Örtchen stehen immer vom Hauptgebäude getrennt im Schatten eines Gebüschs, wo einem der Geruch von grünem Laub und Moos entgegenkommt; sie sind mit dem Haus durch einen gedeckten Gang verbunden, und wenn man in ihrem Halbdunkel kauert und vom matthellen Widerschein der *shoji* beschienen, sich seinen Träumereien hingibt oder den Garten vor dem Fenster betrachtet, so ist das ein ganz unbeschreibliches Gefühl. (...) Es dürfte kaum einen Ort geben, wo man dieses Wohlgefühl deutlicher empfindet, als den japanischen Abort, der von ruhigen Wänden und feiner Holzmaserung umgeben ist, der den Blick auf die Farben des blauen Himmels und des grünen Laubwerks freigibt. Und dazu gehört unabdingbar ein gewisses Halbdunkel, gründliche Sauberkeit und eine Stille, die selbst das Summen einer Mücke zum Ohr dringen lässt. Ich liebe es, auf einem solchen Örtchen dem sanften Rieseln des Regens zu lauschen. (...) In der Tat, es gibt keinen geeigneteren Ort, um das Zirpen der Insekten, den Gesang der Vögel, eine Mondnacht, überhaupt die vergängliche Schönheit der Dinge zu jeder der vier Jahreszeiten auf sich wirken zu lassen, und vermutlich sind die alten Haiku-Dichter ebenda auf zahllose Motive gestoßen. So könnte man nicht ohne Grund behaupten, die japanische Architektur habe hier ihren raffiniertesten Ausdruck gefunden."
Manesse Verlag, Zürich 1987

Ikonografie des Alltags
oder der Weg zum Klo

von Ute Helmbold, Essen

Ob Signale im Verkehr, Piktogramme in Flughäfen oder Icons auf dem Bildschirm, Bilder haben die Aufgabe übernommen, Information und Orientierung ohne Sprache und damit über Sprachgrenzen hinweg möglich zu machen. Ohne Bildsprache wäre der globale Alltag kaum zu meistern.

Das Toilettenzeichen ist sicherlich eines der prominentesten und ältesten Bildzeichen. Es zeigt sich mit vielfältigen Gesichtern und zahlreichen mehr oder weniger absichtsvoll gestalteten Erscheinungsformen: Strenge, systematisierte Piktogramme und freie, grafisch verkürzte Zeichen, sogar gemalte Bilder weisen uns den Weg. Wieder andere Darstellungen wollen sich individuell oder unkonventionell präsentieren und folgen dementsprechend eigenen Interpretationen. Und schließlich gibt es Bildzeichen, die mit folkloristischen und/oder humoristischen Zügen zu amüsieren versuchen.

Alle Frau- und Mannzeichen sagen mehr aus, als sie eigentlich wollen. Sie sind Ausdruck der Gesellschaft, in der sie entstanden sind und für die sie gemacht wurden. Sie sind verräterisch: gesellschaftliche Wertvorstellungen scheinen durch sie hindurch, sie drücken Sitten und konventionalisierte Haltungen aus, sie entlarven allerdings auch so manche gestalterische Eitelkeit.

Die menschliche Körperlichkeit macht das Zeichen interessant und zugleich angreifbar, denn mit Menschendarstellungen können sich alle identifizieren. Da kennt sich jeder aus, auch derjenige, der kein Gestalter ist.

Auf kaum einem Zeichen werden von anonymen Gestaltern derart viele Spuren hinterlassen – die seelenlosen Toilettenpiktogramme fordern heraus und werden deshalb häufig ergänzt, korrigiert, übermalt oder zerkratzt. Und doch – kein anderes Piktogramm kann sich derart radikal aus seiner Zeichenhaftigkeit lösen und sich dennoch seiner Verständlichkeit sicher sein.

Die Beispiele dokumentieren die vielfältigen Erscheinungsformen des Toilettenzeichens, gehen den Formen der konventionalisierten Darstellungen nach, hinterfragen die bildsprachliche Verständlichkeit und zeigen Ikonografisches von ganz eigener Interpretation.

Ute Helmbold lehrt Illustration an der Hochschule für bildende Künste in Braunschweig. Dieser Text ist ihrem Buchprojekt „Ikonographie des Alltags" entnommen.

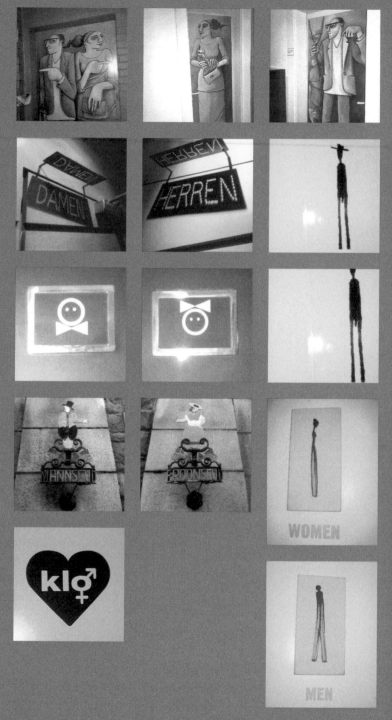

Öffentliche Toiletten

Dubrovnik
Hafentoiletten

Dubrovnik/Kroatien, Architektur: Nenad Fabijanic, Zagreb

Öffentliche Toiletten

Dubrovnik verfügt im alten Hafenbereich über eine Stadtmauer aus dem 14. Jahrhundert mit vier Stadttoren, die einen homogenen Gebäudekomplex mit öffentlichen Funktionen umschließen. Im Durchgang zwischen der Stadtmauer und der alten Hafenbehörde wurden die öffentlichen Toiletten platziert. Die Anlage ist kein Gebäude, eher eine dicke, spitz zulaufende Mauer, die durch ihre Monumentalität und skulpturalen Einschnitte an ägyptische Tempelanlagen erinnert. Ganz in der Tradition der öffentlichen Brunnen ist in die Außenmauer ein Brunnen eingelassen, eine Einladung, entlang der Stadtmauer spazieren zu gehen und sich zu erfrischen. Die schmale Toilettenwand – 1,70 Meter breit und 12,50 Meter lang – ist mit einem regionalen Stein, poliertem Dolit, ummantelt. Sie endet in einer scharfen Mauerkante mit einer witzigen Einbuchtung, die viele Assoziationen zulässt. Im Innern gibt es zwei Damen- und eine Herrenkabine, alle mit Hocktoiletten und Waschbecken in Edelstahl ausgestattet. Wände und Böden sind mit schwarzem angolanischem Stein verkleidet, der in der heißen Stadt angenehme Kühle spendet.

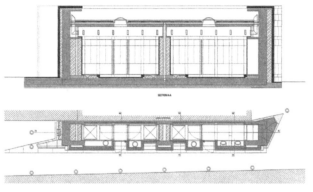

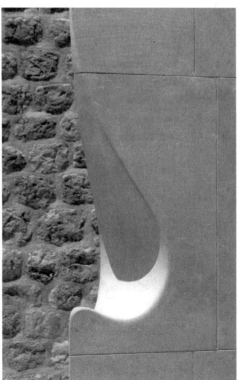

Mautstationen
Farbige Kugeln

A 16/Frankreich, Architektur: Manuelle Gautrand Architects, Paris

Anders als die meist sehr lieblos geplanten Mautstationen sollten die an der A 16 einen Bezug zur Region herstellen, in der es viele gotische Kathedralen mit wunderschönen farbigen Glasfenstern gibt. Dieser besondere Charakter wurde mit einer Architektur verbunden, welche die Mautstationen auch als Teil der Autobahn erkennbar macht. Gemeinsames Merkmal ist ein geneigtes Vordach aus gehärtetem Verbundglas, das die Landschaft spiegelt und zugleich die Wunden in der Landschaft überbrücken soll, die durch den Bau der Autobahn entstanden sind. Jede der fünf Mautstationen erhielt eine Farbe, die aus der Region stammt, und so wurde ein Bezug zu den Kornfeldern, den Mohnblumen, dem Wald, der Meerlandschaft und den dunklen Äckern hergestellt. Die Toilettenhäuschen liegen direkt neben der Mautstation und bestehen aus zwei bauchigen, oben abgeflachten Behältern aus Polyesterharz, die sich an eine Betonscheibe mit der Sanitärtechnik anlehnen. Das Glasdach der Mautstation wird über den WC-Häuschen fortgesetzt. So verbunden bilden Station und Sanitäranlage ein fröhliches Ensemble, das den Reisenden in Erinnerung bleibt.

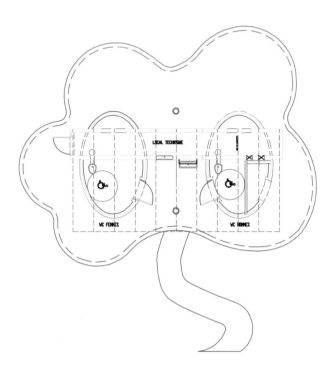

LOCAL TECHNIQUE

VC FEMMES   VC HOMMES

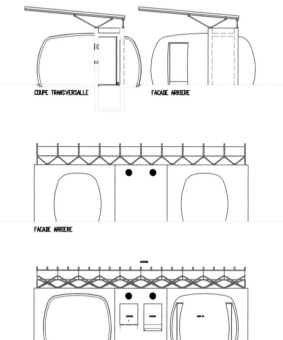

COUPE TRANSVERSALLE   FACADE ARRIERE

FACADE ARRIERE

CO

Springtecture im Park
Wellbechspirale

Hyogo/Japan, Architektur: Shuhei Endo Architect Institute, Osaka

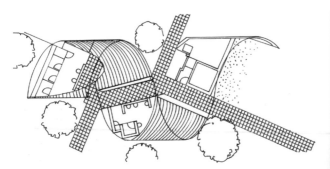

Etwa eine Stunde mit dem Schnellzug von Osaka entfernt, gibt es in Hyogo einen weitläufig angelegten Park. Mitten aus dieser hügeligen Park-landschaft erhebt sich ein ungewöhnlicher Pavillon in der Form eines breiten Wellblechbandes, das durch Verdrehungen und Biegungen zur Architektur wird, „Springtecture" genannt. Ein einziges Material – hier Wellblech – formt alle Abgrenzungen des Ge-bäudes. Im Innern befinden sich drei Bereiche: ein Toilettenraum für die Damen, einer für die Herren und ein Serviceraum für den Hausmeister. Ganz der japanischen Toilettenphilosophie folgend, stehen Bequemlichkeit, Offenheit und Sicherheit im Vor-dergrund, was diese Architektur bieten kann. Drei Eingänge gewähren eine Passagenform und freien Zugang, das Wellblech schafft die gewünschte Ge-schlossenheit durch leichte eingezogene Trennwän-de, die nach oben hin offen sind. Die Innenarchitek-tur ist bestimmt durch die Wellblechspirale, die ein atmosphärisches Wechselspiel von innen und außen erzeugt; industriell-natürlich, hell-dunkel, geschlos-sen-offen – eine neue japanische Architektur und Klokultur.

Zoo Singapur
Naturerlebnis

Singapur, Design: Melvin Tan, Singapur

134

Seit 30 Jahren hat Singapur eine der schönsten Zooanlagen der Welt, wo sich die Tiere weitläufig und ihrer natürlicher Lebensweise gemäß frei bewegen und leben können. Eine Fläche von 28 Hektaren bietet hier 3600 Tieren und 420 Arten ein Heim. Neben dem weißen Rhinozeros ist nicht nur der bengalische weiße Tiger besonders sehenswert; der Zoo hat auch die saubersten und kreativsten Toiletten auf der ganzen Insel. Sie spiegeln die natürliche Landschaft und das offene Konzept des Wildparks wider – und sind damit fast ein eigener Erholungsbereich für seine Besucher. Wasserfälle, kleine Teiche und eine üppige Vegetation schaffen sowohl Offenheit als auch eine angenehme private Atmosphäre und sind zugleich das zentrale Thema des Designs, das balinesisch beeinflusst ist. Wasser und Vegetation geben den Besuchern die Vorstellung, in der Wildnis zu sein. Die offenen Wasserflächen im Umfeld der Toiletten halten wiederum Moskitos fern. Komfort und Sauberkeit haben hier oberste Priorität. Es gibt nicht nur Klos für Behinderte, sondern auch kleinere Waschbecken und Toiletten für Kinder. Die Toilettenanlagen haben mehrfach den Cleanest Toilet Award vom Umweltministerium in Singapur erhalten.

Toilettenführer

Die zunehmende Mobilität der Menschen, aber auch der Wunsch nach Wolhlbe-hagen und Service haben zur Produktion von zahlreichen Toilettenführern ge-führt, die ganz ähnlich wie Reiseführer aufgebaut sind. Sie enthalten Karten mit Angaben über die verschiedenen Orte, die Öffnungszeiten, die Ausstattung, die Kosten und auch Informationen darüber, ob die Toiletten für Behinderte geeignet sind, ob Wickelplätze vorhanden sind und ob die Toiletten über akustische Sig-nale für Blinde verfügen. Gedacht sind solche Toilettenführer für alle, die einfach wissen wollen, wo sich das nächstgelegene Klo befindet. Besonders wichtig ist es für Menschen mit Inkontinenzschwäche, für Behinderte und ihre Pfleger, aber auch für Familien mit Kindern – also eine ideale Planungsgrundlage für Privat- und Geschäftsreisen. Toilettenführer im Internet sind lebendiger aufgebaut, da sie durch ein Benutzerfeedback ständig aktualisiert werden. Sie enthalten zu-sätzliche Angaben über Pflege und Zustand der Toiletten, mit einer Art Ranking, und über das Design.

Eine Auswahl an Toilettenführern:

Access in London – bezieht sich auf alle Bereiche des öffentlichen Lebens, Gordon Couch, Bloomsbury 2003

Wiener Toiletten-Stadtführer – herausgegeben von der medizinischen Gesellschaft für Inkontinenzhilfe, Innsbruck 2002

Stadtführer für alle Fälle – über die öffentlichen Toiletten von Berlin und Hamburg, J. Haspel, R. Elwers, T. Schröder, Hamburg 2002

Stadtführer für Notfälle – Hamburg und seine öffentlichen Toiletten, A. Küpper, K. Dugge, Hamburg 2002

Internetadressen

www.toiletmap.gov.au
The National Public Toilet Map – eine Toilettenkarte von Australien.

www.asahi-net.or.jp/~AD8Y-HYS/index_e.htm
Toilet Map of Tokyo – private Seite mit umfangreichen Tests und unterhaltsamen Informationen.

www.thebathroomdiaries.com
Enthält 8000 Tests aus insgesamt 100 Ländern mit genauen Bewertungen inkl. Design, hebt besondere Toiletten als „The world's best" heraus.

www.bugeurope.com/destinations
Gibt bisher nur Hinweise, wo man in Frankreich auf die Toilette gehen kann, mit oder ohne Kosten.

www.worldtoilet.org
Die Site des Welt-Toilettenverbands enthält umfangreiche Informationen für Planer und Hersteller über Produkte und Technik sowie Designhinweise.

Bibliografie

Bebel, August: Aus meinem Leben.
Bonn 1997

Blume, Jacob: Von Donnerbalken und innerer Einkehr, eine Klo-Kulturgeschichte.
Göttingen 2002

Brecht, Bertolt: Baal – Drei Fassungen.
Frankfurt 1966

Enzensberger, Christian: Größter Versuch über den
Schmutz.
München 1968

Giesen, Rolf/Weiß, Klaus Dieter: Das Klo – Schmutz
wird durch Poesie erst schön.
Berlin 2000

Greed, Clara: Inclusive Urban Design: Public Toilets.
Amsterdam 2003

Jun'ichiro, Tanizaki: Lob des Schattens.
Zürich 1987

Kiechle-Klemt, Erika/Sünwoldt, Sabine: Anrüchig
– Bedürfnis-Anstalten in der Großstadt.
München 1990

Kira, Alexander: Das Badezimmer.
Düsseldorf 1987

Kundera Milan: Die unerträgliche Leichtigkeit des
Seins.
Hanser 1984

Lindigkeit, Lars/Schabenberger, Stefan: Spülen nicht
vergessen – Das Toilettenbuch.
Berlin 2003

Neudecker, Richard: Die Pracht der Latrine – Zum
Wandel öffentlicher Bedürfnisanstalten in der kaiser-
lichen Stadt.
München 1994

Pieper, Werner (Hrsg.): Das Scheiss-Buch – Entste-
hung, Nutzung, Entsorgung menschlicher Fäkalien.
Löhrbach 1987

Ryn, Sim v. d.: Mach Gold draus.
Freier Verlag o. J.

Schrader, Mila: Plumpsklo, Abort, Stilles Örtchen.
Suderburg 2003

Vetten, Horst: Über das Klo – ein Thema, auf das
jeder täglich kommt.
Berlin 1983

Wright, Lawrence: Clean and Decent.
New York 1960

Architektenadressen

Archea
Studio d'Architettura
Lungarno Benvenuto Cellini 13
I-50123 Firenze
www.archea.it

bauArt
Planung & Bau GmbH
Rampengasse Bogen 282
A-1190 Wien
www.bauart.co.at

Mathis Barz
Neustiftgasse 41
A-1070 Wien
www.barz.at

Antonello Boschi
Via Colombo 22
I-58022 Follonica

CAM
Carmen Amelia Munoz de Frank
Langenfelder Str. 93
D-22769 Hamburg

Concrete Architectural Associates
Rozengracht 133 III
NL-1016 LV Amsterdam
www.concrete.archined.nl

Conran & Partners
22 Shad Thames
GB-London SEI 2YU
www.conranandpartners.com

Consuline
Francesco Iannone
Via Valvassori Peroni 47/A
I-20133 Milano
www.consuline.com

Créations Chérif
13 Avenue Daumesnil
F-75012 Paris
www.creations-cherif.com

Xavier Denamour
Restaurant Cafeine
30 Rue Vieille du Temple
F-75004 Paris
www.cafeine.com

Nenad Fabijanic
Arhitektonski Fakultet
Kaciceva 26
HR-10 000 Zagreb

Fumita Design Office Inc.
Fukuda Bldg. 1F+B1F, 2-18-2,
Minamiaoyama, Minato-ku
J-Tokyo 107-0062
www.fumitadesign.com

Manuelle Gautrand Architects
36, Boulevard de la Bastille
F-75012 Paris
www.manuelle-gautrand.com

Jentsch Architekten
Gubener Str. 47
D-10243 Berlin

Gilberto Mancini Architetto
Atlantide Atelier di Architettura
Via torre 148, Montignano
I-60019 Senigallia

Andrea Meirana
Via Dante 2/158
I-16121 Genova

Uwe Mertens + Partner GbR
Buchener Str. 31
D-83646 Bad Tölz

Simone Micheli
Studio d'Architettura
Via Novelli 43
I-50135 Firenze
www.simonemicheli.com

Fabio Novembre
Via Mecenate 76
I-20138 Milano
www.novembre.it

Marcello Panza
Studiominimo
Via Drengot 36
I-81031 Aversa

RHE
Richard Hywel Evans Architecture &
Design Ltd.
Great Titchfield House
14-18 Great Tichfield Street
GB-London W1W 8BD
www.rhe.uk.com

Beppe Riboli Design
Via Benzoni 11
I-26013 Crema
www.bepperiboli.com

RSP-Architekten
von Rudloff, Seiffert & Partner
Antwerpener Str. 6-12
D-50672 Köln
www.rsp-architekten.de

Erich Sammer
Mollardgasse 70a/9
A-1060 Wien

Jan Shawe
Bar Hamburg
Rautenbergstr. 6-8
D-20099 Hamburg
www.welovedesign.net

Endo Shuhei Architect Institute
Domus AOI 5F 5-15-11
Nishitenma Kita-ku
J-Osaka 530-0047

Stilbruch United Designers
Michael Müller
Emser Str. 54-56
D-65195 Wiesbaden
www.stilbruch-united-designers.de

Studio Philippe Starck
18/20 Rue du Faubourg du Temple
F-75011 Paris
www.philippe.starck.com

Tihany Design
135 West 27th Street, 9th floor
USA-New York, N.Y. 10001
www.tihanydesign.com

Johannes Torpe Studios ApS
Skoubogade 1,1
DK-1158 Copenhagen K
www.johannestorpe.com

Matteo Thun
Via Appiani 9
I-20121 Milano
www.matteothun.com

Stephen Varaday Architecture
14 Lackey Street
AUS-St. Peters NSW 2044
www.stephenvaraday.com

Vierkötter & Co GmbH
Hans-Böckler-Str. 10
D-40764 Langenfeld
www.architekten-vierkoetter.de

Isay Weinfeld
Rua Andre Fernando 175
BR-São Paulo SP
www.isayweinfeld.com

Bildnachweis